Stefan Scheil

POLEN 1939

Über den Autor

Dr. Stefan Scheil, geboren 1963 in Mannheim, Studium der Philosophie, Soziologie und Geschichte in Mannheim und Karlsruhe, 1997 Promotion über *Die Entwicklung des politischen Antisemitismus zwischen 1881 und 1912.*

Buchveröffentlichungen der letzten Jahre: *5+2 – Die vereinte Entfesselung des Zweiten Weltkriegs*, Berlin 2003 (4. Aufl. 2009); *1940/41 – Die Eskalation des Zweiten Weltkriegs*, München 2005; *Churchill, Hitler und der Antisemitismus – Die deutsche Diktatur und ihre politischen Gegner*, Berlin 2008; *Revisionismus und Demokratie*, Schnellroda 2008; *Transatlantische Wechselwirkungen – Der Elitenwechsel in Deutschland nach 1945*, Berlin 2012; *Ribbentrop*, Berlin 2013.

In der Reihe *kaplaken* liegen aus der Feder Stefan Scheils die Bände 12: *Revisionismus und Demokratie* sowie 26: *Präventivkrieg Barbarossa. Fragen, Fakten, Antworten* vor.

STEFAN SCHEIL

Polen 1939

Kriegskalkül, Vorbereitung, Vollzug

VERLAG ANTAIOS
kaplaken 37

www.antaios.de

Buchgestaltung und Satz: Oktavo, Syrgenstein
Druck: Koppdruck, Heidenheim
Bindung: Lachenmaier GmbH, Reutlingen

Die Deutsche Bibliothek – CIP-Einheitsaufnahme
Scheil, Stefan:
Polen 1939
Kriegskalkül, Vorbereitung, Vollzug
Reihe *kaplaken*, Bd. 37, 96 Seiten, gebunden
Zweite Auflage, Verlag Antaios, Schnellroda 2013

ISBN: 978-3-944422-37-4

Inhalt

»Heidnisches Land ist Niemandsland. Wem gehört in diesem Fall das heutige deutsche Land, das sich als neuheidnisch ausgibt? Könnte Reichsleiter Rosenberg darauf eine vollkommen ehrliche Antwort geben?«

Józef Kisielewski
(Aus: *Die Erde bewahrt das Vergangene*, 1939)[1]

»Nach dem bevorstehenden Krieg (...), sollte Polen Danzig, Ostpreußen, Ober- und Zentral-Schlesien einschließlich Breslau und Zentral-Pommern einschließlich Kolberg annektieren; Polen sollte außerdem eine Reihe von Pufferstaaten unter seiner Protektion und Herrschaft entlang von Oder und Neiße gründen.«

Jedrzej Giertych
(Aus einem Zeitungsartikel im Sommer 1939)[2]

»Was immer sie alle sagen, offen oder insgeheim hofft doch jeder, die Polen kämen wieder herunter.«

Henry Channon
(Tagebucheintrag zur Stimmung im britischen Parlament, 24. August 1939)[3]

Einleitung

Beginnen wir mit einer Begriffsklärung. »Polens Kriegskalkül« von 1939 gehörte zu den Folgen des Kampfs um die Neugründung des polnischen Staates, um seine Grenzen und um seine Selbstbehauptung auf dem internationalen Parkett. Dieser Kampf fand zwischen 1918 und 1939 permanent statt, in der Anfangszeit häufig in Form eines heißen Krieges, in manchen Phasen dann als kalter Krieg; gelegentlich schien man gegenüber einzelnen Nachbarstaaten gar von Entspannung sprechen zu können. Diese dennoch nie ganz abgeflaute Auseinandersetzung hatte für Polen existentielle Bedeutung, denn die Daseinsberechtigung der 1918/19 gegründeten Republik in der von Polen gewünschten Form war durchaus umstritten. Polen erhob Anspruch, auch über andere Völker und Ethnien herrschen zu können. Das stieß sich sowohl theoretisch – mit dem gerade 1919 als internationalem Standard proklamierten »Selbstbestimmungsrecht der Völker« – als auch praktisch mit einer langen Reihe politischer Interessen anderer Staaten. Das polnische Imperium der Zwischenkriegszeit stellte einen Anachronismus dar.

So gab es mit dem ebenfalls neugegründeten Litauen zwei Jahrzehnte lang einen Konflikt um die von beiden Seiten beanspruchte Stadt Wilna, der einzige Streitpunkt dieser Art, den die Republik Polen schließlich 1938 aus eigener Kraft zu ihren Gunsten entscheiden konnte. An anderen Brennpunkten gab es solche Erfolge nicht. Der polnische Herrschaftsanspruch über die Ukraine und Weißrußland konnte von der Sowjetunion nicht akzeptiert werden, der man andererseits in Warschau grundsätzlich die Existenzberechtigung absprach. Unter dem Stichwort »Prometheismus« arbeiteten polnische Stellen auf deren Auflösung hin, die man bis in die späte Kriegszeit der vierziger Jahre zuversichtlich erwartete.[4] Besonders konfliktträchtig wurde unter den beiden obengenannten Aspekten des internationalen Rechts und der Herrschaft über andere Völker das polnische Verhältnis zu Deutschland. Absichten und Taten der polnischen Republik gegen den deutschen Staat und die deutschstämmige Bevölkerung in Polen selbst verstießen ebenso grundsätzlich gegen das Selbstbestimmungsrecht, wie sie politisch für jede deutsche Regierung inakzeptabel waren.

Für das Jahr 1939 wurde dieser letztgenannte Konflikt entscheidend. Damit soll nicht gesagt sein, daß die Republik Polen schließlich die Alleinverantwortung für den deutsch-polnischen Krieg von 1939 oder für andere Kriege trug. Die Ära der Weltkriege kennt keine Alleinverantwortungsszenarien. Jede Deutung in dieser Art wäre unzulässig verkürzt. *Polens Kriegskalkül* zeichnet aber den Weg zu diesem Krieg aus polnischer Perspektive nach. Die polnische Regierung dachte sich etwas, als sie bald nach der Jahreswende 1938/39 auf Konfrontationskurs mit Deutschland ging. Man machte sich in Warschau mit diesem Schritt daran, lang angedachte Ziele zu verwirklichen. Deren intellektuelle Wurzeln reichten bis weit in das 19. Jahrhundert zurück, wie wir sehen werden. Der Kampf mit Deutschland um die Odergrenze und die Ostseeküste, um wirklich oder angeblich früher einmal polnische Gebiete in Pommern, Schlesien und Brandenburg – er war von zahlreichen polnischen Autoren als unausweichlich beschworen worden. Dazu gehörten Dichter und Intellektuelle, Historiker und Geographen, schließlich auch Politiker und Militärs. Nun sollte dieser Kampf im Jahr 1939 Wirklichkeit werden, weil die internationale Szenerie dies möglich zu machen schien. Für diese Einschätzung gab es aus Sicht der polnischen Regierung gute und nachvollziehbare Gründe.

Es gehörte in den letzten Jahrzehnten zu den Widersprüchen der Zeitgeschichte, wenn einerseits viel über polnische Westforschung oder deutsche Ostforschung vor 1939 debattiert und die expansiven Ziele auf polnischer Seite dabei deutlich herausgearbeitet wurden, wenn dies andererseits aber dennoch keine nachhaltige Wirkung auf die Darstellung des 1. September 1939 als eines deutschen »Überfalls« auf Polen hat. Ein polnisches Kalkül vor diesem Datum gibt es in der Vorstellungswelt der zeitgeschichtlichen Forschung überwiegend nicht, was gelinde gesagt eine völlig unzutreffende Ansicht ist.

Diesem polnischen Kalkül standen in Deutschland grundsätzliche antipolnische Ansichten und Strömungen gegenüber. Polen mußte durchaus um seine Existenz fürchten. Viele der Reichskanzler und Minister der frühen Weimarer Republik dachten nicht daran, die in Versailles praktisch mit dem Blick in die vorgehaltene Pistole der Alliierten anerkannten Grenzen zum östlichen Nachbarn tatsächlich zu respektieren. Sie forderten aber nicht nur eine Revision der Grenzen zu Polen – das sowieso –, sondern stellten gelegentlich die Existenzfähigkeit und das Existenzrecht des polnischen Staates in Frage. Die deutschen Kanzler Gustav Stresemann und Joseph

Wirth betrieben eine Politik des »Polonia esse delendam«. Der Chef der Reichswehr, Hans von Seeckt, hielt die Existenz Polens für »unvereinbar mit den Interessen Deutschlands«. Der langjährige Staatssekretär des Auswärtigen Amts, Bernhard von Bülow – kein Nationalsozialist –, forderte im Frühjahr 1933 in einer Denkschrift »nur noch *eine* Teilung Polens«. Bedeutende Teile der deutschen Politik hatten sich demnach an die Existenz des neuen polnischen Staates noch nicht gewöhnt und betrachteten ihn geradezu als Symbol für die deutsche Niederlage von 1918. Über diese Politik soll an dieser Stelle nichts weiter gesagt werden. Sie ist einigermaßen bekannt.

Weniger bekannt sind dagegen wie gesagt die expansiven politischen Überlegungen auf der polnischen Seite. Das ist erstaunlich, denn sie gingen kaum weniger ins Grundsätzliche. Zwar blieb es wenigen radikalen Denktraditionen vorbehalten, den Deutschen, soweit »germanisch«, generell und überhaupt das Existenzrecht südlich von Dänemark abzusprechen. Aber was die Berechtigung neuer polnischer Grenzen bis weit nach Mitteldeutschland, die Verlegung der deutschen Hauptstadt von Berlin nach Frankfurt am Main und die Aufteilung Deutschlands in Kleinstaaten anging, fehlte es nicht an radikalen

Äußerungen namhafter und einflußreicher Personen.

Im folgenden wird nun ein kurzer Aufriß dessen gegeben, was in dieser Hinsicht gedacht wurde und welche Folgen dies für in Warschau getroffene politische Entscheidungen bis ins Jahr 1939 hinein hatte. Natürlich besteht die Gefahr, daß dies mißverständlich aufgefaßt wird. Einen ganzseitigen Artikel in der *Frankfurter Allgemeinen Zeitung*, in dem der Autor dieser Zeilen im Juni 2006 unter dem Titel »Mitteleuropäische Gedankenspiele nach Versailles« die polnischen Überlegungen geschildert hatte, beantwortete beispielsweise Gesine Schwan, die damalige Präsidentin der Europa-Universität Viadrina in Frankfurt/Oder. In einem Vortrag am Deutschen Historischen Institut in Washington stellte sie die Behauptung auf, der freie Historiker Scheil habe den deutschen Drang nach Osten als bloße Reaktion auf den polnischen Drang nach Westen dargestellt.[5] Das hatte er weder geschrieben noch gemeint. Die Kernaussage lautete: Die polnische Regierung traf im Frühjahr 1939 eine bewußte Entscheidung. Sie entschied sich, den lange erwarteten Konflikt mit Deutschland in diesem Jahr auszutragen. Auf welchen Voraussetzungen das beruhte und wie dies im einzelnen geschehen ist, darüber soll dieser schmale Band eine Einführung bieten und etliche wesentliche, aber selten gestellte Fragen eindeutig beantworten. Die Perspektive ist dabei die der Warschauer Regierung. Es gibt natürlich auch zahlreiche andere Perspektiven, aus denen das Jahr 1939 beschrieben werden kann. Diesmal ist es die polnische.

Die Voraussetzung: Der neue polnische Nationalismus

Die Erforschung der Kolonialgeschichte hat in vielen Ländern ergeben, daß sich die Geschichte der kolonisierten, also einer Fremdherrschaft unterworfenen Länder in der Regel in verschiedene, voneinander relativ klar unterscheidbare Phasen politischer Willensbildung einteilen läßt. Dies betrifft sowohl die führenden Personen als auch die ideologischen Inhalte. Zu Beginn der Kolonisation sind es offenbar notwendigerweise die hergebrachten führenden Schichten, also etwa die alteingesessenen Monarchen, der Adel und manchmal auch die religiöse Führung, die von außen her entmachtet werden, bis sie und das bisher von ihnen beherrschte Land ihre Souveränität verlieren. Hat sich dann die Kolonialherrschaft etabliert, werden Aufstände und Widerstände gegen sie über eine lange Phase immer noch im Kern von den alten Eliten getragen. Erst der andauernde Mißerfolg, der Gang der Zeit und die Änderung der sozialen Verhältnisse führen dann zur Bildung von neuen politischen Schichten, die auch unter ganz anderen politisch-ideologischen Vorzeichen gegen die Fremdherrschaft kämpfen.

Im Fall Polens, das seit den drei polnischen Teilungen zwischen 1772 und 1795 kein Staat mehr war, sondern ein von den Teilungsmächten als Kolonialgebiet betrachteter Bereich, endet die zweite Phase der hier beschriebenen Entwicklung im Januar 1863. Damals mißglückte der bereits dritte bewaffnete Aufstand gegen die russische Herrschaft. Die erneute Niederlage zeigte recht deutlich, daß Einzelaufstände gegen die drei Teilungsmächte des alten polnischen Staates, also gegen Preußen, Österreich-Ungarn und vor allem gegen Rußland, erfolglos bleiben würden. Zugleich begann sich zunächst im vorpolitischen Raum, an den Universitäten und in der Literatur, ein neuer polnischer Nationalismus durchzusetzen, der dazu neigte, die eigene Vorstellung von polnischer Größe und Vergangenheit neu zu hinterfragen und vor allem dringend die Frage nach den Ursachen des staatlichen Untergangs zu stellen.

Es gab bereits seit dem Beginn des 19. Jahrhunderts immer wieder Äußerungen polnischer Autoren, in denen die angeblich slawische Vergangenheit weiter Teile des damaligen Deutschen Bundes beschworen wurde. Ähnliche Auffassungen wurden auch zunehmend durch die sogenannte »panslawistische Bewegung« vertreten, die sich 1848 in Prag auf einem »panslawistischen Kongreß« formell etablierte. Forderungen nach einem künftigen Polen, dessen Westgrenze die Odermündung bilden sollte, wurden aber auch von anderen politischen Lagern und Autoren erhoben.[6] Diese Zielsetzungen waren populär und erreichten ein solches Gewicht, daß Karl Marx schon 1860 eine Polemik dagegen formulierte:

»Für den russischen Panslawisten Vogt, der Böhmen zu seiner Verfügung hat, kann da keine Frage sein, wo die natürliche Grenze des slawischen Reichs ist. Sie geht von Meseritz direkt auf Lieberose, von da südlich von dem Durchbruch der Elbe durch die böhmischen Grenzberge, und folgt weiter der West- und Südgrenze Böhmens und Mährens. Was weiter östlich ist, ist slawisch; die paar deutschen Enklaven und sonstige Eindringlinge auf slawisches Gebiet können der Entwicklung des großen slawischen Ganzen nicht länger im Wege stehn; ohnehin haben sie kein Recht da, wo sie sind. Dieser ›panslawistische Zustand‹ einmal hergestellt, findet sich von selbst, daß im Süden eine ähnliche Rektifikation der Grenzen nötig ist. (...) Wir Deutsche verlieren bei dieser Operation – weiter nichts als Ost- und Westpreußen, Schlesien, Teile von Brandenburg und Sachsen, ganz Böhmen, Mähren und das übrige Östreich (sic!) außer Tirol (wovon ein Teil dem italienischen ›Nationalitätsprinzip‹ zufällt) – und unsere nationale Existenz in den Kauf!«[7]

Diese panslawistische Bewegung spielte bei der Formulierung des neuen polnischen Nationalismus eine wichtige Rolle. Allerdings führte die Auseinandersetzung mit solchen Ideen und deren Proklamation auch durch russische Intellektuelle und Politiker bei der Mehrheit polnischer Nationalisten schließlich zu einer Abgrenzung. Obwohl die Reichweite slawischer Ansprüche im Grundsatz in etwa gleich eingeschätzt wurde, zeigten sich viele Vordenker des polnischen Nationalismus nicht bereit, einen grundsätzlichen russischen Führungsanspruch in einem allslawischen Staat anzuerkennen. Man hoffte mindestens auf die polnische Unabhängigkeit nach einem erfolgreichen Krieg gegen Deutschland. Beides konnte zu erstaunlichen Kombinationen führen und gelegentlich Züge tragen, die im nachhinein geradezu prophetisch wirken. So rief ein anonymer Autor im Jahr 1872 unter dem Pseudonym »Der Slawe« förmlich den »Rassenkrieg« zwischen Deutschen und Slawen aus. Er hoffte auf eine gemeinsame panslawische Invasion bis zur Oder, oder besser noch zur Elbe. Danach würde der russische Zar aus Eigeninteresse eine polnische Unabhängigkeit in diesen Grenzen akzeptieren.[8] Die negative Haltung anderer Autoren gegen solche polnisch-russischen Bündnispläne wurde durch die Russifizierungspolitik verstärkt, die von St. Petersburg nach dem gescheiterten Aufstand von 1863 eingeleitet wurde und zeitweise den Druck von Schriften in lateinischen Buchstaben, also in der üblichen polnischen Form, generell untersagte. Diese russischen Anstrengungen führten 1912 schließlich zum Bau einer gigantischen orthodoxen Kathedrale in Warschau – die als negatives Symbol vergangener Zeiten deshalb nach der 1919 erreichten Neugründung des katholischen Polen umgehend wieder vollständig abgerissen wurde.[9]

Eines der Hauptkennzeichen für den neuen polnischen Nationalismus um die Jahrhundertwende wurde vor diesem Hintergrund schließlich ein allgemeiner Führungsanspruch in Ostmitteleuropa, der nicht nur in Polen mit dem russischen konkurrierte. Es ging der polnischen Nationalbewegung dabei nicht um die bloße Wiederherstellung der politischen Souveränität des polnischen Volks im Zeichen »nationaler Selbstbestimmung«. Darüber herrschte schließlich weitgehend innenpolitischer Konsens zwischen den sich ansonsten heftig bekämpfenden politischen Lagern. Der polnische Historiker Marek Kornat hat dies jüngst für 1918 in die lapidaren Worte gefaßt: »Das Konzept eines ›ethnischen Polens‹ wollte aber das polnische Volk nicht akzeptieren.«[10] Das Ziel sollte statt dessen die – nach eigener Auffassung: erneute – Aufnahme einer zivilisatorischen Mission in Osteuropa sein, im Westen verbunden mit umfassenden Revisionsansprüchen der deutsch-polnischen Grenze, grundsätzlich bis zum Stand des frühen Mittelalters. Mit diesem imperialen Anspruch wurde Polen 1918 neu gegründet; er prägte die Innen- wie die Außenpolitik bis 1939. In einem Zeitalter internationaler Politik, das in Europa vom Schlagwort des »Selbstbestimmungsrechts der Völker« geprägt wurde, war dies jedoch nach außen nicht vermittelbar. Als Konsequenz aus dieser Situation mußte die Republik Polen zwischen 1919 und 1939 eine verschwiegene Politik verfolgen, die im Kern völkerrechtswidrig war. Es gelang auch tatsächlich in großem Umfang, die polnische Grundkonzeption in den westlichen Hauptstädten zu verschleiern.

Im Zusammenhang mit der Formulierung des Kurses erhielt der Begriff der »Kresy« für die innerpolnische Debatte eine erweiterte Bedeutung. Darunter wurden ursprünglich die »geraubten Gebiete« im Osten verstanden, die seit 1815 nicht mehr zum russisch regierten »Königreich Polen« gehörten, sondern auch staatsrechtlich gleich vollständig russisch geworden waren wie etwa der Westen der heutigen Ukraine. Etwa um 1900 bildete sich jedoch der Sprachgebrauch heraus, auch im Westen von »Kresy« zu sprechen.

Nach Definition des Vordenkers Jan Ludwik Poplawski gehörte dazu folgendes: »Als Grenzmarken (d.h. Kresy, d. Verf.) bezeichnen wir diejenigen Provinzen, in denen sich das polnische Element, ob autochthon oder gewöhnlich zugewandert, in einer bedeutenden Minderheit befindet, aber auch jene ethnographisch polnischen Gebiete, wo die Bevölkerung nicht im politischen Sinne national bewußt ist. Es sind dies jene Provinzen, die entweder nie zum polnischen Staat gehörten (sic!), oder sich schon vor langer Zeit von ihm abspalteten, oder aber in denen die politische und kulturelle Herrschaft des polnischen Elements ernsthaft erschüttert und geschwächt wurde.«[11]

Diese Definition schloß alle Gebiete mit ein, die in ur- und frühgeschichtlicher Zeit in irgendeiner Form als slawisch – und damit »ethnographisch polnisch« – dargestellt werden konnten. Gemeint waren unter anderem Ostpreußen – dem man vielfach fälschlicherweise eine slawische Vergangenheit unterstellte – und Schlesien. Aber auch Pommern, Mecklenburg, Brandenburg und weite Teile Sachsens oder Sachsen-Anhalts wurden schließlich auf diese Weise reklamiert. Dabei kam es auf historische oder aktuelle Tatsachen über den wirklichen Grad slawisch-polnischer Bevölkerung oder die tatsächliche staatsrechtliche Vergangenheit kaum an. Wo man Deutsche antreffen könne, müßte es sich prinzipiell um »Zaborczość«, also um die Folge von Gier nach fremdem, slawischem Besitz handeln. Dieser Begriff wurde ebenfalls seit etwa 1900 populär und stellte gewissermaßen das Gegenbild zur deutschen Vorstellung dar, im Osten als »Kulturbringer« aufgetreten zu sein. Polnische »Westforschung«, die schon vor 1914 vor allem an österreichischen Universitäten einen Standort hatte, wurde nach 1918 staatlich institutionalisiert und gefördert. Sie hatte nun in Posen ihren Hauptsitz und lieferte pseudowissenschaftliche Argumente auf jeder Ebene. Aktuelle politische Willenserklärungen der ortsansässigen Bevölkerung in den beanspruchten Gebieten spielten dabei in der innerpolnischen Diskussion kaum eine Rolle. Selbst als die von den alliierten Siegermächten international überwachte Volksabstimmung im südlichen Ostpreußen im Jahr 1920 eine Mehrheit von nicht weniger als 97,9 Prozent für Deutschland ergab (was vermutlich den Weltrekord in einer freien Abstimmung darstellte), legte die polnische Regierung gegen das Ergebnis förmlich Protest ein. Man schob die Schuld am Ergebnis offiziell den angeblich ungenau beschrifteten Wahlzetteln zu. Es folgte eine jahrelange umfangreiche publizistische Agitation, warum der Süden Ostpreußens dennoch polnisch sei.

Auch der polnische Aufstand des Jahres 1918 geriet unter diesen Umständen zu einer sofortigen und gründlichen Attacke auf deutsches Leben in den von Polen beanspruchten Gebieten. In Stadt und Provinz Posen wurden von polnischer Seite nicht nur Waffen beschlagnahmt und die Verwaltung übernommen, sondern sofort auch mit dem Abbau deutscher Symbole und Monumente begonnen. Wo es militärischen deutschen Widerstand gab, folgte diesen Maßnahmen dann augenblicklich die Vertreibung der deutschen Bevölkerung.[12] Gerade die Deutschen im Westen der neuentstehenden polnischen Republik galten nicht nur als unverbesserliche Gefahr für deren territorialen Bestand. Sie würden vermutlich immer die Rückkehr der deutschen Herrschaft wünschen, das vermutete man polnischerseits wohl zu Recht. Aber darüber hinaus bestritt das Programm des permanenten Aufstands gegen die politischen, gesellschaftlichen und wirtschaftlichen Entwicklungen der letzten zwei Jahrhunderte, wie es die polnischen Nationalisten formulierten, den Deutschen überhaupt das Existenzrecht in der Republik. Sie mußten das Land verlassen. Für Stanislaw Grabski, den Vorsitzenden des Auswärtigen Ausschusses im Sejm, stellte die »Provinz Posen ein Beispiel dafür dar, wie der Prozentsatz an Fremden im Land von vierzehn oder sogar zwanzig Prozent auf eineinhalb Prozent gedrückt werden kann. (...) Polnisches Land den Polen!«[13] Diese »Fremden« waren hier die Deutschen gewesen. Später legte Grabski nach, sprach und schrieb vom polnischen Charakter Ostpreußens und vom unvermeidlichen weiteren Kampf mit Deutschland, in dem erst noch gesiegt werden müßte, worauf die weitere Expansion an die Ostseeküste zu folgen habe. Solche Stellungnahmen waren kein

Einzelfall und wurden auch auf Regierungsebene ausgesprochen. Premier Wladyslaw Sikorski forderte 1923 in einer vielbeachteten Äußerung ausdrücklich, die Beschleunigung des Entgermanisierungsprozesses mit allen Mitteln voranzutreiben. Probate Mittel schienen hier die Enteignung deutschen Besitzes und die Entlassung deutscher Arbeiter und Angestellter zu sein, die den Deutschen ihre wirtschaftlichen Existenzmöglichkeiten nehmen würden. Zusammen mit der Schließung der deutschen Schulen und dem allgemeinen Kulturkampf sollte dies zum gewünschten Ergebnis führen. Für das polnische Nationalgefühl der Zwischenkriegszeit wurde der Eindruck prägend, die Geschichte der letzten Jahrhunderte müsse umfassend revidiert werden. Die politischen, wirtschaftlichen und ethnischen Verhältnisse in und außerhalb Polens hätten daher kein Existenzrecht. Polen müßte neu geschaffen werden.

Europas Urkatastrophe als Chance – der Erste Weltkrieg aus polnischer Sicht

Die Geschichte des wiedererrichteten polnischen Staates beginnt bekanntlich nicht erst 1918. Der Erste Weltkrieg brachte es bereits mit sich, daß die vorher im Zarenreich Rußland, also im sogenannten Kongreßpolen lebenden Polen eine Gelegenheit erhielten, sich staatlicher Strukturen zu erfreuen. Besonders für die deutsch-polnischen Beziehungen in der ersten Hälfte des zwanzigsten Jahrhunderts wurde die Zeit zwischen 1915 und 1918 dabei so etwas wie ein Vorbote kommender Zeiten. Das unentschiedene Schwanken der deutschen Politik, ob Polens Unabhängigkeit letztlich gefördert werden sollte oder nicht – und wenn, in welchen Grenzen –, wurde hier sichtbar. Ebenso erkennbar wurde die Neigung auf polnischer Seite, ganz unabhängig von den deutschen Vorstellungen und der jeweils aktuellen politischen Situation auf einem künftigen Polen zu bestehen, das bedeutende Teile des Deutschen Reichs zu umfassen habe. In höherem Maß als das im übrigen Europa der Fall war – wo man sich trotz anfänglich häufiger Kriegsbegeisterung bewußt war, viel zu verlieren zu haben –, wurde der Weltkrieg von der polnischen Nationalbewegung als Chance begriffen. Ein polnischer Staat würde wohl nur als Folge eines Krieges wieder entstehen können, an diese Tatsache hatte man sich seit einem halben Jahrhundert gewöhnt. Unter dem Druck der russischen Besatzung waren aber bereits Strukturen eines Untergrundstaats entstanden. Beim landesweiten Boykott jüdischer Händler wurden sie im Jahr 1912 eine Zeitlang sichtbar. Nun wurde zwei Jahre später der große Krieg geführt, der die eigene Unabhängigkeit bringen sollte. Eigene Streitkräfte mußten aufgestellt werden. Gleich Anfang August 1914 rückte eine polnische Legion unter dem Kommando des späteren Diktators Józef Pilsudski ins Feld. Vorerst ging es gegen Rußland, danach würde man gegen Deutschland vorgehen, das hatte Pilsudski angekündigt. Seine Haltung galt im Polen der Zwischenkriegszeit stets als Vorbild, und das Ausrücken der Kader an die Front wurde als »Tag der Legion« stets mit großem Aufwand begangen. Zuletzt wurden zur fünfundzwanzigsten Wiederkehr am 6. August 1939 besonders drohende Reden in Richtung Deutschland gehalten. Vier Tage später drohte das polnische

Außenministerium Berlin erstmals offen mit einem Angriff.[14]

Im August 1915 jedenfalls gelang es den deutschen Streitkräften, Warschau einzunehmen und die russische Armee in den folgenden Wochen für die restlichen drei Kriegsjahre aus Kongreßpolen zu vertreiben. Das brachte zunächst zwangsläufig eine deutsch-österreichische Militärverwaltung über das eroberte Gebiet und die darin lebenden Menschen mit sich. Ein besonderes politisches Konzept verband sich damit zunächst nicht, obwohl von deutscher Seite aus bereits einige Wochen nach Kriegsbeginn mit den polnischen Unabhängigkeitswünschen spekuliert worden war. Entsprechende polnischsprachige Flugblätter behaupteten in den ersten Kriegswochen, mit den deutschen und österreichischen Streitkräften komme Polens »Freiheit und Unabhängigkeit«.[15] Nach diesem Auftakt wurde der Komplex »Kongreßpolen« aber bald ein Problem, in dem sich neben polnischen auch ukrainische, weißrussische, litauische, jüdische und die Interessen eingesessener deutscher Bevölkerungsteile kreuzten. Daß innerhalb der ethnischen Grenzen der Bevölkerung auch politische Differenzen existierten, vergrößerte die Herausforderungen, zu denen man für diese Zeit außerdem noch das stets angespannte deutsch-österreichische Verhältnis zählen muß. Die Besetzung Kongreßpolens fand in getrennten Gebieten statt, dem deutschen Generalgouvernement Warschau und seinem österreichischen Pendant in Lublin. Es war kaum möglich, unter diesen Herausforderungen eine gemeinsame Herrschaft oder ein gemeinsames Konzept für Polen zu etablieren. Immerhin wurde eine breite Palette von Maßnahmen in Gang gesetzt, die auf eine kulturelle und politische Neuentstehung Polens hinarbeiteten. Man gab Pässe mit der Bezeichnung »polnischer Staatsangehöriger« aus, eröffnete polnische Universitäten, benannte russifizierte Orte wieder polnisch um und ordnete freie Wahlen für die Stadträte im Okkupationsgebiet an. Der Warschauer Stadtrat, kaum zusammengetreten, ließ aber keinen Zweifel daran, daß dies zu wenig sei. Er forderte einen »unabhängigen polnischen Staat, ausgestattet mit Organen und Mitteln, die seine Unabhängigkeit ausdrücken und sichern – das ist das höchste Ziel der früheren und jetzigen Bemühungen der polnischen Nation. Das ist auch unser heiliges Ziel, nach dem wir streben.«

Eine nationaldemokratische Broschüre aus dem Jahr 1916 sah Deutschland und Österreich in der

Unabhängigkeitsfrage vor einem unlösbaren Problem und schlug einen ironischen Tonfall an: »Unsere Lage gegenüber den germanischen Staaten ist schwer, aber wir müssen zugeben, daß die Lage der germanischen Staaten gegenüber der polnischen Frage kummervoll ist. Die Unabhängigkeit können sie uns nicht geben, einen Staatsverband aus dem ganzen polnischen Gebiet zu machen, sind sie nicht imstande, und dabei harrt noch das Dilemma folgenden Inhalts seiner Lösung: Gewinnung der unerschütterlichen Freundschaft Polens bei gleichzeitiger Mißachtung der alten Rechte des polnischen Volkes.«[16]

Eng mit der Frage der Unabhängigkeit verbunden mußte die Existenz einer ansehnlichen Streitmacht sein, aber auch die würde potentiellen Verbündeten nur zu bestimmten Bedingungen zur Verfügung stehen. In den Folgemonaten nach der eben erwähnten Erklärung des Warschauer Stadtrats wurde die Forderung nach Aufstellung einer polnischen Armee mehrfach an die Mittelmächte Deutschland und Österreich-Ungarn gerichtet. Proklamation eines polnischen Staates und Schaffung einer polnischen Armee seien ein Schritt, der zugleich zu tun sei. Ebenso mußte sie den Übergang der Verwaltung in polnische Hände mit sich bringen, auch dies war eine klare, von allen überhaupt an einer derartigen Proklamation interessierten polnischen Parteien erhobene Forderung. Sie wurde nicht erfüllt. Am Ende riefen die Mittelmächte am 5. November 1916 ein Königreich Polen ohne Staatsoberhaupt, ohne feste Grenzen, ohne unabhängige Armee und ohne eigene Verwaltung aus, das »im Anschluß« an Deutschland und Österreich »seine freien Kräfte entfalten« sollte. Zu den Streitkräften ging unter diesen Bedingungen kaum jemand, entsprechende Werbeaktionen deutscher Stellen blieben erfolglos. Dies hob die polnische Frage trotzdem auf die internationale Tagesordnung und stellte damit einen großen Fortschritt für die polnische Nationalbewegung dar. Die Reaktionen der polnischen Politik auf diesen Akt waren innerhalb des Besatzungsgebiets zumindest offiziell entsprechend positiv.

Die polnischen Abgeordneten im russischen Parlament waren unzufrieden und gaben aus diesem Anlaß zu erkennen, was sie wirklich wollten, wie der Nationaldemokrat Harusewicz: »Wir protestieren entschieden gegen diesen deutschen Akt, der die Teilung Polens bestätigt und die historische Notwendigkeit einer polnischen Einigung zu verhindern sucht. Eine solche Einigung ist unmöglich ohne Krakau, Posen, Schlesien und das polnische Meer.«[17]

Dies lief auf einen Forderungskatalog in Richtung der Oder-Neiße-Linie hinaus. Es wurde jedenfalls in erheblichem Umfang deutsches Staatsgebiet beansprucht – die Folge einer jahrzehntelangen Agitation, die längst ein Stadium erreicht hatte, in dem politische Zugeständnisse seitens der Deutschen nur stets neue Forderungen zu produzieren drohten. Auch ein scheinbar potentieller deutsch-österreichischer Verbündeter wie Józef Pilsudski wollte die polnische Unabhängigkeit unter Einbeziehung von erheblichen Ländereien, die Teil des deutschen Staatsgebiets waren. Sein Programm erforderte die Niederlage Rußlands und Deutschlands zugleich. Das oben zitierte Dilemma für die Berliner Politik bestand also tatsächlich, da diese polnischen Forderungen von keiner denkbaren deutschen Regierung je angenommen werden konnten. Zugleich wurden diese Ziele auch in Westeuropa publik gemacht. So betrieb unter anderem ein »Polish Information Committee« zu dieser Zeit Werbung für ein kommendes polnisches Imperium. Im Jahr 1917 publizierte die Organisation beim angesehenen Londoner Verlag Allen & Unwin eine Schrift, in der ein polnisches

Großreich von Berlin bis kurz vor Moskau gefordert wurde.

Die erste Revolution in Rußland im Februar 1917 und der immer weitere Vormarsch deutscher Truppen produzierten neue Problemfelder, auf denen sich polnische und deutsche Absichten ausschlossen. Man beabsichtigte in Berlin, die baltischen Länder und vor allem die Ukraine ebenfalls als unabhängige Länder zu etablieren, setzte dies gegenüber der Russischen Sowjetrepublik im Frühjahr 1918 formal auch durch und griff damit in weitere Gebiete ein, die der polnische Nationalismus eigentlich für sich beanspruchte. Parallel dazu setzten die Westmächte die polnische Frage ebenfalls auf die Tagesordnung. Sie nannten am 3. Juni 1918 »die Schaffung eines vereinigten und unabhängigen polnischen Staates mit freiem Zugang zum Meer« als eine ihrer Bedingungen für Frieden. Die polnische Agitation im Westen hatte insofern zu einem positiven Ergebnis geführt. Sie wurde zu dieser Zeit seit Jahren von bekannten Personen wie dem Pianisten Ignaz Paderewski oder dem Nationaldemokraten Roman Dmowski vorangetrieben. Auch heutzutage weniger bekannte Personen wie der Philosoph Wincenty Lutoslawski traten damals öffentlichkeitswirksam auf. Er hatte bereits um die Jahrhundertwende eine Karte entworfen, auf der weite Teile Rußlands und Deutschlands als Teil eines neuen Polen zu sehen waren und präsentierte diese Gedanken auf Vorträgen in den Vereinigten Staaten. Das hatte unmittelbare politische Folgen. Alle Genannten wurden später Mitglied der polnischen Delegation bei den inneralliierten Friedensverhandlungen von Versailles.

Diese Delegation versuchte, die alliierten Siegermächte durch teilweise groteske Falschinformationen zur Überlassung möglichst großer Teile Deutschlands zu überreden. »Danzig und Ostpreußen« hieß beispielsweise eine jener Broschüren, die den Siegern überreicht wurden. Beides sollte polnisch werden, wie es auch die im November 1918 erlassene Wahlverordnung für den polnischen Sejm vorsah.[18] Zur Ergänzung wurde in diesem Fall die Existenz einer »Masurischen Delegation« behauptet, die im März 1919 aus dem südlichen Ostpreußen angeblich nach Warschau gekommen sei, um von der dortigen interalliierten Mission die Eingliederung Masurens in Polen zu erbitten.[19] In Gestalt dieser Delegation meldete sich angeblich das Volk, aber befragt werden sollte es nicht. Falls die Alliierten sich doch für eine Volksabstimmung in diesem Gebiet entscheiden sollten, sei vorher unbedingt eine »Ausschaltung deutscher Offizieller, Pastoren und Soldaten« und eine Besetzung über Jahre hinweg notwendig. Deutsche »Parasiten« lebten in Masuren, die zu entfernen seien, hieß es an anderer Stelle.[20]

Die Logik dieser Ausrottungspolitik, der die Masuren nach 1945 schließlich tatsächlich zum Opfer fallen sollten, da sie als nicht polonisierungsfähig nach Restdeutschland vertrieben wurden, offenbarte sich dann im Schlußsatz dieses Abschnitts: »Es würde sehr unfair gegenüber Polen sein, eine wirklich derart polnische Provinz wie Masuren für ein Plebiszit auszuwählen, bevor die Masuren sich vollständig von jedem deutschen Einfluß emanzipiert haben, und dies kann nur durch ihre Wiedervereinigung mit Polen erreicht werden.«[21]

Hier wurde eingestanden, daß nur eine Mischung aus Gewalt, Vertreibung und Umerziehung unter polnischer Herrschaft die Chance eröffnen konnte, ein Plebiszit zu gewinnen. Dennoch entschieden die Alliierten, daß einige Volksabstimmungen abzuhalten seien. Sie fanden in den bereits erwähnten Abstimmungsgebieten im südlichen Ostpreußen und in Oberschlesien statt. Alle fanden deutliche Mehrheiten für Deutschland. Obwohl die polnische Seite mit bewaffneten Übergriffen besonders in Oberschlesien versuchte, Tatsachen zu schaffen, war diese Methode nur teilweise erfolgreich. Hier stieß das Konzept einer polnischen Westexpansion an seine Grenze. Weder ließ sich im Alleingang der bewaffnete deutsche Widerstand brechen, noch konnten demokratisch legitimierte Mehrheiten für die polnische Sache gewonnen werden. Die weitere Westexpansion hing damit letztlich vom Willen der Westmächte ab. Der inzwischen legendär gewordene Anführer der polnischen Legionen und kommende Diktator, Józef Pilsudski, drückte dies so aus: »Zur Zeit hat Polen eigentlich keine Grenzen. Alles, was wir diesbezüglich im Westen machen können, hängt von der Entente ab – davon, ob sie bereit ist, Deutschland mehr oder weniger zusammenzurücken.« Dabei sollte es bleiben. Ohne die entsprechende internationale Konstellation konnte Polen gegen Deutschland wenig unternehmen.

Polens Scheindilemma nach 1919: Imperium oder Untergang

Dem Umstand, einstweilen nichts gegen Deutschland unternehmen zu können, trug Pilsudski Rechnung, indem er statt eines Angriffs nach Westen einen nach Osten startete, auf Sowjetrußland. Es hat Versuche gegeben, diesen Krieg als Präventivkrieg gegen sowjetische Angriffsabsichten darzustellen. Tatsächlich steckten die Sowjets aber noch tief im russischen Bürgerkrieg und waren zu Offensivaktionen nur schwer in der Lage. Pilsudski half ihnen während seines Ostfeldzugs teilweise sogar gegen die innerrussischen Gegner wie den General Denikin, bei dem er zu Recht großrussische Ambitionen vermutete, die sich mit den eigenen Vorstellungen einer imperialen polnisch-litauisch-ukrainischen Föderation nicht vereinbaren ließen. Die Sowjets dagegen hatten auf die umfassende Liste jener früheren internationalen Abkommen, die sie seit der Oktoberrevolution nicht mehr anerkennen wollten, auch die polnischen Teilungsabkommen und die Ergebnisse des Wiener Kongresses gesetzt. Das war eine international einzigartige Zugabe an die polnische Position, und darüber hinaus bot man Pilsudski im März 1919 mehrfach eine Grenzziehung an, die sich an der Grenze von 1772 orientiert hätte. Die Antwort war dennoch negativ. Pilsudski hielt sich für militärisch überlegen und peilte an, Polen auf eine Ebene mit »den größten Mächten der Welt« zu heben, wie er im Januar 1920 öffentlich verkündete. Dazu genügte offenbar eine Grenze wie die von 1772 nicht mehr, bei der die ukrainische Hauptstadt Kiew eine Grenzstadt gewesen war. Kiew sollte künftig aber im Zentrum einer von Polen abhängigen Großukraine liegen. Auch das hatte es im 17. Jahrhundert schon einmal gegeben, und der Appell, es nicht bei der Rückkehr zu »1772« bewenden zu lassen, tauchte in Polens Politik wie Polens Publizistik der Zwischenkriegszeit immer wieder auf. Dabei begannen ursprünglich konkurrierende Entwürfe wie die von Roman Dmowski, der einen eher nach Westen expandierenden, stark gegen Deutschland gerichteten Staat wollte, mit den imperialen Plänen von Pilsudski zu verschmelzen. Die Staatsführung selbst war in den dreißiger Jahren schließlich in der Hand der Pilsudskisten, die fast alle durch gemeinsame Erfahrungen im Ersten Weltkrieg als Veteranen der polnischen Legion verbunden waren. Sie bildeten eine vergleichsweise geschlossene und verschwiegene Einheit.

Allerdings scheiterte der Versuch, die Ukraine im Jahr 1920 tatsächlich zu erobern. Zwar stießen polnische Truppen bis auf Kiew vor, konnten sich dort aber nicht halten. Polen rettete sich schließlich im März 1921 durch französische Unterstützung in den »Frieden von Riga«, der lediglich Teile der Ukraine und Weißrußlands bei der polnischen Republik beließ. Dies genügte den eigenen Ansprüchen nicht. Die Grenzziehungen im östlichen Mitteleuropa blieben nicht nur aus Warschauer Sicht überall vorläufig. Man sah sich in der Folgezeit während der ganzen 1920er Jahre auch einer agilen deutschen Öffentlichkeitsarbeit gegenüber. Es gelang ihr, besonders den Verlust Westpreußens in der Weltöffentlichkeit als ungerecht aufzuzeigen und als »Korridorproblem« ins Bewußtsein einzuprägen. Das Auswärtige Amt erkannte die Grenzen von Versailles gegenüber Polen in keinem weiteren Abkommen an. Die polnische Republik geriet hier phasenweise in eine Defensive, die allerdings außenpolitisch entsprechend beantwortet wurde. Innenpolitisch fand sie ihre Ergänzung durch eine ganze Kette von Maßnahmen, die der in Polen noch ortsansässigen deutschen Bevölkerung die Existenz unmöglich machte. Dazu gehörte alltägliche Gewalt ebenso wie die Entlassung deutscher Arbeiter und Angestellter, die sukzessive Enteignung durch ein Vorkaufsrecht im Erbfall oder die Schließung deutscher Schulen. Das fand in anderen Staaten teilweise aufrichtige Bewunderung und diente als Vorbild für Kommendes. Man müsse es machen wie die Polen, die nach 1919 mehr als eineinhalb Millionen Deutsche »hinausgeworfen« hätten, wurde etwa dem tschechischen Präsidenten Benesch von seinen Beratern vorgeschlagen. Daß die Polen imstande seien, »drei Millionen von ihnen totzuschlagen wie auf einem Schlachthof«, erregte aber nur widerwillige Bewunderung. Man wollte von der Ermordung absehen und zur Umerziehung greifen.[22]

Letztlich blieb Pilsudskis Projekt eines unmittelbar aus dem Ersten Weltkrieg hervorgehenden polnischen Imperiums jedoch unvollendet. Das Stichwort vom »Intermarium«, also einem Polen vom Schwarzen Meer bis zur Ostsee, blieb eine Vision, die noch seine Nachfolger beschäftigte. Der polnische Zugang zum Meer blieb vorerst auf den schmalen Küstenstreifen Westpreußens beschränkt, nachdem sich auch Litauen keiner polnischen Oberhoheit unterwerfen wollte. Pilsudski ließ zwar die proklamierte litauische Hauptstadt Wilna besetzen, ging aber nicht weiter vor. Das Memelland, jenen schmalen Streifen Deutschland, den die Alliierten ohne weiteres Nachfragen bei der Bevölkerung von Ostpreußen getrennt und als Verkehrsweg- und Hafengeschenk für die projektierte litauisch-polnische Union vorgesehen hatten, konnte von Polen nicht erreicht werden. Es wurde schließlich von Litauen okkupiert. Die Republik Polen blieb aber ein Staat, der sich so gut wie überall über das ethnisch gesehen polnische Gebiet hinaus in andere Länder hinein ausdehnte und in dem die Polen insgesamt nur eine knappe Mehrheit stellten.

Dies war trotz der militärischen und politischen Erfolge ein schlechter Start für das neue Polen. Die Forderung nach den alten Grenzen der polnischen Monarchie, die im Mächtesystem dynastisch geprägter Vielvölkerstaaten vielleicht ihren Sinn gehabt hatten, im nationalistisch aufgeheizten Europa der Nachkriegszeit aber ziemlich fehl am Platz waren, heftete dem ganzen Unternehmen »Polen« etwas Anachronistisches an. Daher blieb für die Warschauer Politik einstweilen der reine Machtwille kennzeichnend, an überkommene Größe anzuknüpfen und zu diesem Zweck alles an sich zu bringen, worauf der polnische Staat wenigstens vage historische Ansprüche erheben konnte. Aus polnischer Sicht gab es noch Ende der zwanziger Jahre nur zwei beiderseitig anerkannte Grenzen: die zu Rumänien und zu Lettland. Gegenüber Litauen und der Tschechischen Republik erhob man eigene weitgehende Forderungen, von Deutschland und Rußland hatte man Rückgabeansprüche zu erwarten, ohne selbst mit dem eigenen Besitz zufrieden zu sein.

Auf die vielen radikalen Äußerungen aus Politik und Publizistik, in denen die Ansprüche an Deutschland formuliert wurden, kann hier nur in sehr kleinem Umfang eingegangen werden. In einer Denkschrift des polnischen Außenministeriums war beispielsweise 1931 die Oder-Neiße-Grenze als Ziel der polnischen Expansion genannt worden.[23] Solche Gedanken genossen in der polnischen Öffentlichkeit und dem Generalstab durchaus Popularität. Ein Buch des polnischen Generalstabsoffiziers Henryk Baginski von 1927, in dem solche Gedanken öffentlich vertreten wurden, erlebte mehrere Neuauflagen. Man konnte dort Feststellungen wie diese lesen: »Es wird niemals Frieden in Europa geben, bis Preußen ausradiert ist und die deutsche Hauptstadt von Berlin nach Frankfurt am Main verlegt wurde, da Berlin auf slawischem Land steht. Nur mit einer Revision der slawischen Niederlage kann Deutschland sicher niedergehalten werden.«[24]

Bemerkenswert an dieser Affäre war nicht nur die Karriere des Autors, der erst in den polnischen Generalstab versetzt wurde und bis 1939 dessen Mitglied blieb,[25] nachdem er öffentlich die Eroberung Ostpreußens und die Verlegung der deutschen Hauptstadt gefordert hatte. Es war ein deutliches Signal, einen Offizier mit derart aggressiven Ansichten während der Vorkriegsjahre in den Generalstab zu berufen. Bemerkenswert war zudem, daß Baginski seine Forderungen auf Basis der Theorie des »Dritten Europa« oder »Intermarium« erhoben hatte, die unter der Leitung von Außenminister Beck in den dreißiger Jahren das Leitmotiv der polnischen Außenpolitik werden sollte. Nach dieser Theorie diente Polen analog zu Frankreich (Atlantik–Mittelmeer) und Deutschland (Nordsee–Adria) als dritte europäische Verbindung zweier Meere (Ostsee–Schwarzes Meer).[26] Damit waren die polnischen Gebietsansprüche deutlich bezeichnet, auch deswegen, weil die Mündung der Oder üblicherweise als westliches Ende dieser Verbindungslinie galt, so auch bei

Baginski. In einer später auf englisch erschienenen Ausgabe von *Polens Freiheit zur See* nannte er dann gar noch die Elbe einen »großen slawischen Fluß« und gab eine Karte bei, auf der Polens »historische Grenzen« kurz vor Braunschweig endeten.[27] Möglicherweise aus Bescheidenheit verzichtete er darauf, den Rhein als slawischen Fluß zu bezeichnen, gab aber einen Hinweis, mit dem dies nach den Richtlinien seiner sonstigen Argumente sehr wohl gerechtfertigt gewesen wäre, denn »der Großteil des heutigen Deutschland, bis hin zum Rhein, war vor zweieinhalbtausend Jahren slawisch besiedelt«.[28]

Die damit verbundene Behauptung von Teilen der polnischen Publizistik, es handle sich besonders bei der gesamten Bevölkerung östlich von Oder und Neiße um autochthone Slawen, die lediglich oberflächlich germanisiert seien und deren angeblich geringen deutschen Bevölkerungsteil man – zusammen mit etwa vorhandenen »uneinsichtigen germanisierten Slawen« – bedenkenlos dahin zurückschicken wolle, wo er hergekommen sei,[29] stellte in ihrer Konsequenz ein bis dahin einzigartig radikales nationalistisch-völkisches Expansionsprogramm dar. Einer nach Millionen zählenden Bevölkerung auf einer Fläche von mehr als einhunderttausend Quadratkilometern wurde gesagt, ihre Existenz sei ein Irrtum und müsse ein Ende haben – sei es durch Vertreibung oder durch einen Wechsel zurück zu jener »polnischen Identität«, die ihre Vorfahren angeblich vor Jahrhunderten gehabt hätten: »Wenn die Iren zur keltischen Tradition und Sprache zurückkehren können, wenn Juden in Palästina wieder Hebräer werden können, dann gibt es keinen Grund, warum die Bevölkerung östlich der Elbe nicht wieder zu ihrer slawischen Tradition zurückkehren könnte. Alles in allem wäre die Polonisierung von ›Halb-Deutschen‹ für Europa viel weniger gefährlich als die Germanisierung von Polen und würde nebenbei eher dem geschichtlichen Trend folgen, da die Slawen die höhere Vitalität besitzen.«

Es gab auch im Europa des nationalistischen Zeitalters kaum einen vergleichbaren Anspruch eines nationalistischen Programms an eine andere Nation. Der polnische »Westgedanke« bewegte sich lange Zeit auf einer singulären Ebene, bis sich in der tschechischen Politik ähnliche Vorstellungen zu entwickeln begannen. Der deutsch-französische Streit um Elsaß-Lothringen etwa wirkte im Vergleich dazu fast harmlos konventionell. Hier stellten beide Seiten bei allen Konflikten doch nicht die historisch gewordenen Gegebenheiten durch die Planung oder gar Ausführung ethnischer Säuberungen in Frage. Der deutsch-polnische Konflikt des Jahres 1939 dagegen hatte auch in seiner brutalen Grundsätzlichkeit eine lange Vorgeschichte, die sich in den Tagen vor und nach dem Kriegsausbruch sofort in den Morden an der deutschen Minderheit in Polen zeigen sollte und in der nicht weniger gewalttätigen deutschen Antwort ihre Fortsetzung fand.

Einstweilen hatte Polen zwar Ambitionen, die Rolle einer unabhängigen Großmacht zu spielen, blieb nach dem Ende der Unruhen aus der unmittelbaren Nachkriegszeit jedoch vorläufig nur ein Garant der Regelungen von Versailles und wichtigster Ansprechpartner Frankreichs in Osteuropa. Pilsudski zog sich 1923 für Jahre aus der Politik zurück. Nach dem Ende der französischen Besetzung des Ruhrgebiets und der Annahme des Dawes-Plans durch Deutschland kehrte in Europa ohnehin für einige Jahre eine Ruhe ein, die keinen Raum für »Großmachtpolitik« mit dem Ziel von Grenzveränderungen und neuen Militärbündnissen ließ. Die unklaren innenpolitischen Verhältnisse verhinderten in Warschau außerdem, wenigstens vorläufig, die Entwicklung eines Entscheidungszentrums, das zur strategischen Führung einer Expansionspolitik fähig gewesen wäre. Dies änderte sich erst durch zwei Faktoren: Die Rückkehr Józef Pilsudskis als starker Mann und Diktator im Jahr 1926 und die Rückkehr der deutschen Frage zu Beginn der dreißiger Jahre.

Langfristig rächte sich aber der Versuch, mit den Mitteln des 20. Jahrhunderts nachholen zu wollen, was der polnische Staat im 18. Jahrhundert versäumt hatte, in doppelter Hinsicht: Die polnischen Aktivitäten trugen während der dreißiger Jahre mitentscheidend zur Destabilisierung der Staatenwelt Osteuropas bei. »Das Großmachtstreben war der Fluch unserer politischen Linie«, notierte 1940 Michal Lubienski, Kanzleichef des polnischen Außenministers.[31] Und weiter: »Die polnische Großmachtpolitik verzichtete nicht auf Konzepte für eine Abtrennung der Ukraine und des Kaukasus von Rußland und formulierte weiterhin das Ziel, sich Danzig, wenn nicht gar Ostpreußen einzuverleiben. Gewisse Aktivitäten in dieser Richtung, die sich am besten als Eiertanz bezeichnen lassen, wurden durchaus von staatlichen Stellen oder von staatlich finanzierten Institutionen unternommen. Die Öffentlichkeit war darauf unglaublich stolz und sehr zufrieden damit.«

Viel zu groß und viel zu machtlos, wie der polnische Staat nun wieder einmal war, wurde er erneut Opfer einer Teilung, eine Entwicklung, die schwer vorstellbar gewesen wäre, hätte Polen sich mit ethnisch begründbaren Grenzen begnügt. Das selbstgeschaffene Dilemma des imperialen Anspruchs trug entscheidend zum eigenen Untergang bei. Er war nach außen nicht vermittelbar und führte Polen in die Isolation. In Warschau, so darf man wohl sagen, sahen das nur wenige. Einstweilen bedeutete die Rückkehr der deutschen Frage die mögliche Rückkehr einer europäischen Krise. Diese Krise deuteten die Pilsudskisten als Chance, wie der Erste Weltkrieg eine gewesen war. Es mußte nun darum gehen, erneut die internationale Konstellation für das optimale Ausnutzen dieser Chance herzustellen.

Polens Kriegskalkül

Die notwendige internationale Konstellation

An den grundsätzlichen Bedingungen für ein polnisches Vorgehen gegen Deutschland hatte sich seit 1919 nichts verändert. Für Pilsudski hing bereits damals alles davon ab, inwieweit die Entente, also im wesentlichen die beiden Westmächte Frankreich und Großbritannien, bereit war, Deutschland »zusammenzurücken«. Gleichzeitig mußte der Rücken im Osten frei sein, durfte also kein sowjetischer Angriff drohen. Daß Pilsudski bereit war, militärisch sowohl gegen das Weimarer Deutschland wie den frühen Nationalsozialismus vorzugehen, ließ er in London und Paris immer wieder wissen, »zweimal im Jahr«, wie Robert Vansittart, der damalige Amtschef des britischen Foreign Office, später etwas spöttisch schrieb. Auch nach Washington übermittelte Pilsudski die Nachricht, jederzeit vorgehen zu wollen, wenn die Deutschen die internationale Ordnung erschüttern sollten. Allerdings blieb die Reaktion aus dem Westen immer wieder negativ, fast bis ins Jahr 1939 hinein.

Im Osten dagegen tat sich etwas. Während man sich im Moskauer Politbüro bei den Geheimsitzungen Anfang der dreißiger Jahre die Notizzettel zuschob und diskutierte, wann denn endlich der geplante Überfall auf Europa stattfinden sollte, agierte die UdSSR außenpolitisch ganz anders. Erfüllt vom Überlegenheitsgefühl der eigenen getarnten Aufrüstung warf die UdSSR auf den internationalen Konferenzen der Zeit mit Abrüstungsvorschlägen nur so um sich. Für Osteuropa wurde außerdem ein ganzes System von Nichtangriffspakten vorgeschlagen. 1932 kam schließlich ein russisch-polnischer Nichtangriffspakt zustande. Mit deutlichem Mißtrauen definierte er den Angriff so, daß jeder »Einfall« oder »Angriff mit Land-, See- oder Luftstreitkräften, wenn auch ohne Kriegserklärung« als Aggression zu werten sei und außerdem »keine Erwägungen politischer, militärischer, wirtschaftlicher oder anderer Natur als Entschuldigungs- oder Rechtfertigungsgrund (...) gelten« könnten. Auch »die innere Lage« eines Staates, wie »z. B. seine politische, wirtschaftliche oder soziale Ordnung« und »angebliche Mängel seiner Verwaltung«, waren als Angriffsgründe ausgeschlossen.

Seit dieser Zeit ging man in Warschau davon

aus, die UdSSR neutralisiert zu haben. Bis zum Kriegsausbruch änderte sich daran nichts mehr. In einer gemeinsamen Erklärung bestätigten beide Staaten am 26. November 1938 noch einmal die Weiterexistenz des Nichtangriffspakts auch unter den inzwischen veränderten Verhältnissen nach dem Münchener Abkommen.[32] Die Sowjetunion hatte seit 1932 keinerlei juristische Berechtigung mehr, jemals in Polen einzumarschieren. Dies hatte damals unmittelbare Folgen für das deutsch-polnische Verhältnis. In den Jahren 1932 und 1933 stand der polnische Marsch nach Westen allerdings näher bevor als von manchen vermutet. Das zeigen zwei Briefe des damals zukünftigen polnischen Außenministers Beck an Pilsudski. »Wenn es den Leitern der Außenpolitik der Republik gelungen ist, die Sicherheit der Ostgrenzen des Staates durch Abschluß des Nichtangriffspakts mit Sowjetrußland zu garantieren, so kann diese Tatsache nur eine Bedeutung haben: sie macht uns die Hände gegenüber Deutschland frei.«[33]

Mit diesen Worten appellierte der Oberst und bis dahin stellvertretende Außenminister Józef Beck im Oktober 1932 an Marschall Pilsudski, den diktatorischen Lenker der Staatsgeschäfte. Er forderte den sofortigen Angriff auf Deutschland und hatte dabei den kurz vor der Ratifizierung stehenden Nichtangriffsvertrag mit der UdSSR im Blick. Die Lage für einen Krieg sei deshalb so günstig wie nie, ein »Krieg, um die Befreiung der polnischen Territorien vom deutschen Joch« anzugehen. Die Armee sei bereit.

Bei den entscheidenden Stellen in Deutschland herrschte im Jahr 1932 kaum ein Zweifel über die polnischen Angriffsabsichten. Reichswehrminister Groener bereiste im März des Jahres Ostpreußen und warnte die Republik Polen in Reden und Aufsätzen vor einem Angriff. Seit dieser Zeit begann man in Ostpreußen mit dem Bau einer improvisierten Verteidigungslinie, um den polnischen Marsch auf Königsberg im Fall der Fälle wenigstens eine Zeitlang aufhalten zu können. Nach dem Erhalt von Becks Brief verstärkte Pilsudski seine außenpolitischen Anstrengungen. Die Meinung des Obersten galt ihm etwas, hatte man doch bereits im Ersten Weltkrieg in der polnischen Legion gemeinsam gekämpft. Pilsudski hatte Beck später persönlich für den diplomatischen Dienst entdeckt. Wenige Tage nach Erhalt des Briefs beförderte er ihn vom Stellvertreter des Ministers zum Leiter der polnischen Außenpolitik. Letzten Endes vererbte er ihm den Posten förmlich, so daß Beck bis zur Katastrophe von 1939, als ihm alle Voraussetzungen für einen erfolgreichen Krieg gegen Deutschland endlich erfüllt schienen, weitgehend frei schalten und walten konnte, solange er sich auf Pilsudski berief.

Im Winter 1932 wollte Beck der Außenminister des Angriffs auf Deutschland werden. Dafür handelte er schnell und entschieden. In den Monaten zuvor hatte es lange Debatten mit Paris gegeben, da die französische Regierung zwar derzeit wenig für ihre östlichen Verbündeten tat, sich aber immer gern mit Vorbehalten aller Art zu Wort meldete, um ihre zentrale Rolle zu betonen. Aktuell gab es Streit über den bereits unterschriebenen, aber noch nicht ratifizierten polnischen Nichtangriffspakt mit der UdSSR, den man in Paris nur billigen wollte, wenn die UdSSR auch mit Rumänien einen solchen Vertrag schloß, wozu man aber in Rumänien wenig Neigung zeigte. Mit diesem Konflikt machte Beck Schluß. Die französische Regierung »will uns zurückhalten« und denke an einen Ausgleich mit Deutschland, hatte er an Pilsudski geschrieben. Überhaupt sei die deutsche Schwäche ein vorübergehendes Phänomen, das jetzt oder nie zu nutzen sei: »Wenn das nicht erkannt wird, werden nicht nur wir selbst, sondern auch unsere Kinder nicht Groß-Polen erleben.«[34] Am 27. November 1932 wurde der russisch-polnische Nichtangriffspakt ratifiziert.

Der Weg nach Deutschland stand offen – falls die Westmächte so reagierten wie gewünscht und in dem neuen polnischen Selbstbewußtsein nicht die Aktionen eines machtlosen Querulanten, sondern die eines wertvollen Verbündeten sahen. Um einen solchen Verbündeten müßte man dann kämpfen, so das Kalkül in Warschau, gegebenenfalls indem man ihm ein weiteres Stück deutschen Staatsgebiets zugestand. Um in Paris die Einsicht »Wir können auch anders« zu fördern, warf Pilsudski bald darauf die französische Militärmission unter möglichst unwürdigen Umständen aus dem Land und gewöhnte es sich kurzfristig an, für französische Diplomaten »verreist« zu sein. Dies folgte Becks neuer Maxime: »Es kann und muß eine selbständige polnische Politik geben. Nicht nur wir sind verpflichtet, mit den Interessen Frankreichs zu rechnen, auch Paris ist in nicht geringerem Maße verpflichtet, mit den Interessen Polens zu rechnen.«[35]

Zeitgleich ging Beck ebenfalls entlang der gegenüber Pilsudski entworfenen Linie gegen Deutschland an jenem bekannt heiklen Punkt auf Konfrontationskurs: »Der Polnisch-Danziger Konflikt muß eine scharfe Form erhalten.« Im Vorjahr hatte Beck die Besetzung Danzigs für »vielleicht einmal nötig«, aber nicht aktuell erachtet.[36] Dennoch verschärfte er bereits in den folgenden Monaten die Lage in Danzig. Das geschah etwa durch das trotz geltender Rechtslage durchgesetzte Einlaufen des polnischen Zerstörers »Wicher« in den Danziger Hafen, dem für den Fall einer »Beleidigung« durch den Danziger Senat im voraus Schießbefehl auf »das nächstliegende öffentliche Gebäude« der Stadt erteilt worden war.[37] Im März 1933 wurden im Raum zwischen Danzig und Thorn Truppen bereitgestellt, um einen Einmarsch in Danzig, Ostpreußen und Hinterpommern zeitgleich nach dem 1923 mit Frankreich vereinbarten Szenario durchführen zu können.[38] Am Ende blieb diese Taktik für dieses Mal erfolglos. Die Westmächte hielten sich zurück, und die wenige Wochen später ernannte nationalsozialistische Regierung gab einer polnischen Provokation keinerlei Resonanz, sondern zeigte sich sogar bereit, viele von den Forderungen, die von den Weimarer Regierungen bisher abgelehnt worden waren, zu akzeptieren. Das hatte Beck noch im Brief an Pilsudski für unmöglich erklärt. Statt einen Angriff auf Deutschland riskieren zu können, sah sich Polen Ende des Jahres 1933 ausmanövriert und mußte auch mit Deutschland einen Nichtangriffspakt eingehen. »Wir waren gezwungen, mit den durch nichts gezügelten Nachbarn Verträge zu schließen«, empörte sich Beck im nachhinein über die Situation.[39] »Schon morgen wird es zu spät sein, Deutschland die angestammten polnischen Gebiete zu entreißen, die man heute noch der Republik zurückbringen kann!« hatte er 1932 geschrieben.[40] Dies war eine Einsicht, die er in den Folgejahren zurückstellte.

Wohl nie gab es aber einen Konflikt von solchem Ausmaß, dessen Eigendynamik in den westlichen Hauptstädten und später auch von der auf den Westen orientierten Geschichtsschreibung so gründlich übersehen wurde, deren Arbeiten regelmäßig mit dem Jahr 1939 beginnen und die Vorgeschichte des deutsch-polnischen Kriegs konsequent ausblenden. Doch ist es ebensowenig überraschend, wenn die Oder-Neiße-Linie nach 1945 tatsächlich auch gezogen wurde, wie es nicht überraschend ist, daß die NS-Politik als offizieller Vorwand für diese Akte herangezogen wurde.

Der Danziger Völkerbundkommissar Burckhardt durchschaute die Strategie des polnischen Außenministers und sah ihre Konsequenzen schon im Sommer 1938 klar: »Die Polen warten in scheinbarer Ruhe. Beck, während unserer nächtlichen Fahrt, hat mich etwas in seine Pläne eingeweiht. Weiterhin spielt er sein doppeltes Spiel. Es ist kein deutsches Spiel, wie manche Franzosen und die polnische Opposition glauben. Es ist ein Spiel, bei welchem man für Polen auf den höchsten Gewinn hofft, einen Gewinn, der sich ergeben soll aus einer schließlichen und unvermeidlichen deutschen Katastrophe. (...) Jetzt hofft man im stillen in Warschau nicht nur auf die bedingungslose Integration Danzigs in den polnischen Staatsbereich, sondern auf viel mehr, auf ganz Ostpreußen, auf Schlesien, ja auf Pommern. Im Jahre 1933 noch sprach man in Warschau vom polnischen Pommerelien, aber jetzt sagt man ›unser Pommern‹. Beck macht eine rein polnische Politik, eine letzten Endes antideutsche Politik, eine nur scheinbar polnisch-deutsche Entspannungspolitik seit der Besetzung des Rheinlandes und der französischen Passivität bei Anlaß dieses Vorganges. Aber man bemüht sich, die Deutschen ganz methodisch in ihren Fehlern zu bestärken.«[41]

Mit dieser Methode hatte Beck nach Burckhardts Einschätzung seinen Teil dazu beigetragen, das NS-

Regime bis zum Sommer 1938 im Westen erfolgreich als Feindbild zu etablieren. Jedenfalls konnte er in diesem Sommer bereits erste Schritte in Richtung eines westlichen Bündnisses unternehmen. Nach jahrelangem Zögern bewegte sich die britische Politik. Dafür unternahm Duff Cooper, damals Erster Lord der Admiralität und einer der schärfsten Verfechter eines antideutschen Kurses britischer Politik, eine Ostseereise. Am 8. August traf er in Gdingen mit Beck zusammen. Es wurde eines jener Treffen, über die sich später merkwürdiges Schweigen ausbreitete, obwohl an der prinzipiellen Bedeutung kein Zweifel besteht. An diesen Tagen und in diesen Gesprächen begann die englisch-polnische Allianz Gestalt anzunehmen. Darauf wies der Londoner Botschafter der Republik Polen, Edward Raczynski, nach dem Krieg hin, und niemand anderes als der damalige englische Außenminister Halifax stimmte ihm im Vorwort zu. Beck plante seit Jahren, die Alliierten auf die polnische Seite zu bringen. Jetzt konnte er davon sprechen, sich »innerhalb von 24 Stunden auf die Seite der Alliierten« schlagen zu können.[42] Allerdings wollte er dafür von den Westmächten einen Preis haben, in Form von Land und Rechten. Da allerdings noch nicht sicher war, ob sich London und Paris wirklich militärisch gegen Deutschland wenden würden, wollte Beck auch von einem weiteren deutschen Zugewinn profitieren. Im Frieden also mit Hitler, im Krieg gegen ihn, so erläuterte Beck seine Politik auf zwei Konferenzen im Warschauer Schloß.[43] Schließlich gab es im Herbst 1938 noch einmal »Frieden« in Form einer Aufteilung der Tschechoslowakei durch das Münchener Abkommen. Beck ging wie für diesen Fall angekündigt »mit Hitler« und sicherte der Republik Polen dadurch ebenfalls ein Stück Tschechoslowakei.

Der Vollzug – westliche Offensivgarantie und östliche Rückendeckung

Die deutsch-polnische Zusammenarbeit gegen die Tschechoslowakei änderte an der grundsätzlichen Haltung Polens und seiner außenpolitischen Leitung nichts. Als die Berliner Regierung im Oktober 1938 versuchte, Polen mit dem Abschluß eines längerfristigen Vertrages als Bündnispartner zu gewinnen, und als Preis unter anderem die von allen deutschen Regierungen seit 1919 verweigerte Anerkennung der gegenwärtigen polnischen Grenze anbot, lehnte Warschau ab. Eine Aufforderung zum gemeinsamen Angriff auf die UdSSR, wie später oft kolportiert wurde, war aus Berlin nicht gekommen. Zunächst zog Beck die Verhandlungen in die Länge, ohne richtig nein zu sagen. Nach dem Jahreswechsel 1938/39 trafen dann aber schnell Nachrichten ein, die endlich auf eine Entscheidung bei den Westmächten hindeuteten.

Aus Washington berichtete Jerzy Potocki, der Botschafter vor Ort, schon seit einem Jahr über wachsende Kriegsentschlossenheit gegen Deutschland. Seine Berichte um die Jahreswende 1938/39 waren in bezug auf diese Angelegenheit dann derart antisemitisch gehalten, daß man sie für eine Erfindung der deutschen Propaganda halten könnte, die sie später nach deren Erbeutung in Warschau ja auch für ihre Zwecke verwendete. Potocki bestätigte darin mehrfach ausdrücklich die Vorurteile der NS-Führung über das Zustandekommen der außenpolitischen Entscheidungen in Washington und den Einfluß jüdischer Gruppen und Personen darauf: »Die amerikanische Öffentlichkeit ist einer ständigen alarmierenden Propaganda ausgesetzt, welche unter jüdischem Einfluß steht und andauernd das Gespenst der Kriegsgefahr heraufbeschwört; auf diese

Weise haben sich im Vergleich mit dem vorigen Jahre die Amerikaner in ihrer Haltung zu den Problemen der Außenpolitik stark gewandelt.«[44]

Potocki behauptete mehr oder weniger, daß die amerikanische Öffentlichkeit in weitem Umfang in jüdischer Hand sei, und versuchte das in diesem Bericht mit Umfrageergebnissen zu belegen. Drei Tage später ging er in einem weiteren Bericht nach Warschau erneut auf das Thema ein, spottete über die laufende Kampagne gegen Deutschland und die »totalitären Staaten«, weil die Sowjetunion aus dieser Kampagne völlig ausgeschaltet sei und dem Publikum als zum demokratischen Lager gehörend dargestellt würde.[45] Es werde gezielt eine Kriegspsychose geschürt. Allerdings hielt er Ursache und Wirkung deutlich und korrekt auseinander. Es sei die deutsche antisemitische Politik, die ihrerseits immer wieder für Radikalisierung sorge: »Ferner sind es das brutale Vorgehen gegen die Juden in Deutschland und das Emigrantenproblem, die den herrschenden Haß immer neu schüren gegen alles, was mit dem Nationalsozialismus zusammenhängt. An dieser Aktion haben die einzelnen jüdischen Intellektuellen teilgenommen, z. B. Bernard Baruch, der Gouverneur des Staates New York, Lehmann, der neuernannte

Richter des obersten Gerichts, Felix Frankfurter, der Schatzsekretär Morgenthau und andere, die mit dem Präsidenten Roosevelt persönlich befreundet sind. Sie wollen, daß der Präsident zum Vorkämpfer der Menschenrechte wird, der Religions- und Wortfreiheit, und er soll in Zukunft Unruhestifter bestrafen.«[46]

Die Auswirkungen dieser Berichte – deren Existenz im Januar 1939 auch schon in Berlin bekannt wurde – auf den Kriegsausbruch im Spätsommer desselben Jahres 1939 waren erheblich. Man konnte danach in Polen von der gegebenen Feindschaft der USA gegen das aktuelle deutsche Regime ausgehen. In Warschau vorliegende Berichte aus London und Paris bestätigten, daß die US-Botschafter auch in diesen Ländern auf allerhöchste Anweisung des Präsidenten massiv für einen Kriegskurs gegen Deutschland eintraten und damit zusehends Erfolg hatten. In London wurde dies durch Winston Churchill und seine Mitstreiter sowie die Admiralität unterstützt, »die den Krieg um jeden Preis befürworten«, wie Deutschlands Ex-Kanzler Brüning im März im Exil vor Ort selbst beobachten konnte.[47]

Insofern war der Boden für eine Entwicklung bearbeitet, die man in Warschau seit Jahren wünschte. Wenn der »Westen« gegen Deutschland auftrat, mußte Polen dabeisein. Konsequenterweise zeigte man dem am 24. Januar mit erneuten Angeboten nach Warschau reisenden deutschen Außenminister die kalte diplomatische Schulter. Eine eigentlich vorbereitete Tischrede sagte Józef Beck »krankheitshalber« ab und begann im Februar eine Reise nach London vorzubereiten. Dabei ging es auch um den Preis für einen polnischen Kriegskurs gegen Deutschland. In den offiziellen britischen Dokumenten ist über diese Preisverhandlungen Becks Nachricht an seinen britischen Kollegen Halifax enthalten, er wünsche über »Kolonien, Juden und Danzig« zu reden.[48] Damit brachte er die Judenfeindschaft der meisten polnischen Parteien zum Ausdruck und die seiner Regierung, »die sich offen zum Antisemitismus bekannte, und dies insbesondere durch ihren Außenminister Józef Beck«.[49] Man stand in der Tradition des landesweiten Judenboykotts von 1912 und strebte offiziell die Auswanderung möglichst vieler, wenn nicht aller Juden aus Polen an. Ebenso sollte Polen ein großes Stück aus dem ehemals deutschen Kolonialbesitz in Afrika erhalten und natürlich möglichst die Oberhoheit über Danzig. Ob dies alles war, worüber in London letztlich gesprochen wurde, darf bezweifelt werden.

Heinrich Brüning bekam im Londoner Exil noch vor Kriegsausbruch Kenntnis eines englisch-polnischen Teilungsabkommens, das er in mehreren Privatbriefen erwähnte und dem er wesentlichen Anteil am Kriegsausbruch zuschrieb: »Glauben Sie, irgend jemand von uns hätte nach dem Sommer 1940 etwas an der Tatsache ändern können, daß Polen den Krieg wegen des im Frühjahr 1939 gegebenen Versprechens der englischen Regierung riskiert hatte, nicht nur Ostpreußen sondern auch Oberschlesien zu erhalten?«[50]

Beide Ziele waren von polnischen Stellen gegenüber den Westmächten bereits 1919 gefordert worden. Es war völlig naheliegend, daß dies nun wiederholt und beschlossen worden war, während Brüning als möglicher Repräsentant einer neuen, demokratischen deutschen Regierung von britischer Seite auf diesen Preis für einen Friedensvertrag hingewiesen wurde. Er erklärte, so etwas nicht unterschreiben zu wollen. Daß die polnischen Maximalforderungen noch weit darüber hinausgingen, zeigten die Erklärungen des nationaldemokratischen Parteivorsitzenden Kowalski, der im April 1939 in einer Rede die Oder-Neiße-Linie als Grenze forderte und es für eine gute Idee hielt, dies auch drucken zu lassen.[51]

Der polnische Untergrundstaat ließ dann während des Krieges offiziell eine Landkarte in Briefmarkenform veröffentlichen. Unter dem Stichwort »Dafür kämpfen wir« war darauf das siegreiche Polen nach dem Krieg zu sehen: Ein Polen von Meer zu Meer, also von der Ostsee bis zum Schwarzen Meer. Dazu gehörten Deutschland bis zu Oder und Neiße, die Slowakei, Litauen, Weißrußland, die westliche Ukraine, aber auch der frühere deutschen Kolonialbesitz in Kamerun und Ostafrika.[52] Außerdem war noch das bisher französische Madagaskar als polnisch verzeichnet, das die Regierung Beck seit Mitte der dreißiger Jahre als »Teufelsinsel für die Juden« (Shlomo Aronson) ins Auge gefaßt hatte. Die Floskel »Kolonien, Juden und Danzig« war völlig ernst gemeint.

Józef Beck fuhr von London aus zufrieden nach Hause. Es lag nun in polnischen Händen, ob Krieg stattfand oder nicht. Großbritannien hatte militärische Hilfe zugestanden, wenn Polen zu den Waffen greifen sollte, weil es seine Unabhängigkeit »direkt oder indirekt bedroht« sah. Ein militärischer Angriff von außen war also nicht nötig, damit der Bündnisfall gegeben war, und ein weiterer Zusatzartikel dehnte den Vertragsfall sogar noch auf Konflikte zwischen anderen Ländern aus, wenn »dies eine offensichtliche Bedrohung der Sicherheit einer der Vertragsparteien bedeutet.« Der Bündnisfall konnte demnach eintreten, wenn zum Beispiel Polen sich für bedroht erklärte und in die militärische Offensive ging. Man hatte die Entscheidung zum erstenmal in der britischen Geschichte in die Hände einer fremden Macht gelegt, wie der Amtschef des Londoner Außenministeriums etwas pathetisch sagte.[53] Die Metapher vom britischen »Blankoscheck«, wie sie in diesem Zusammenhang gelegentlich verwendet wurde, trifft formal durchaus zu. Polen war zum Richter über einen Krieg Englands gegen Deutschland geworden, den »any gesture of Germany« auslösen konnte.

Exakt dieses Vorgehen drohte die Warschauer Regierung am 10. August 1939 Danzig tatsächlich auch an, nachdem das deutsche Außenministerium schriftlich sein »Befremden« über ein vorangegangenes polnisches Ultimatum an die Stadtverwaltung von Danzig ausgedrückt hatte: »Die Polnische Regierung wird (...) jede künftige Einmischung der Deutschen Regierung zum Schaden dieser Rechte und Interessen (in Danzig, *d. Verf.*) als einen Angriffsakt betrachten.«[54]

Der nächste deutsche Brief zum Thema Danzig konnte also im Extremfall als kriegerischer Akt betrachtet werden und würde die britische Garantiezusage wirksam werden lassen. Parallel dazu würden die Bestimmungen des französisch-polnischen Militärabkommens erfüllt sein, in dem dieses Danziger Szenario im Mai 1939 exakt begrifflich vorgegeben worden war. Der zugesagte französische Großangriff würde folgen und den Krieg gegen Deutschland militärisch entscheiden.

Im Osten tat derweil die Sowjetunion alles, um die Republik Polen in Sicherheit zu wiegen. Im November 1938 hatten beide Staaten in einer gemeinsamen Erklärung noch einmal die Gültigkeit des Nichtangriffspakts von 1932 bestätigt. Im Mai 1939 reiste eigens der stellvertretende sowjetische Außenminister Potemkin nach Warschau. Polen habe im Fall eines deutschen Angriffs von Rußland nichts zu befürchten, sagte er zu. Ganz im Gegenteil, Polen könne auf die sowjetische Freundschaft zählen und sogar mit der Lieferung von Munition und anderem Kriegsmaterial rechnen. Unter diesen Umständen konnten sich Józef Beck und die Pilsudskisten in der Warschauer Führung in einer komfortablen Situation wähnen.

Man begann in Polen umgehend, den Konflikt mit Deutschland vorzubereiten. Militärisch geschah dies durch die Mobilisierung der Armee, die bereits im März mehrere hunderttausend Mann erfaßte. Auf deutscher Seite gab es noch nichts dergleichen.[55] Innenpolitisch wurden in Polen die Maßnahmen gegen den ethnisch gesehen deutschen Teil der polnischen Staatsangehörigen verstärkt. Bereits im Frühjahr wurden jene Lager eingerichtet, in denen man die Deutschen zu konzentrieren gedachte. Ausschreitungen gegen deutsche Personen, Firmen und Einrichtungen nahmen zu und führten zu einer Flüchtlingswelle von siebzigtausend Personen, die nach Deutschland auswichen. An der polnisch-deutschen Grenze stieg über den Sommer 1939 hinweg die Zahl der bewaffneten Zwischenfälle.

In der Bevölkerung wurde dies mit Optimismus quittiert. Ein polnischer Grenzbeamter zeigte sich gegenüber einer ausreisenden Deutschen ehrlich besorgt. Sie solle doch nicht dort rüber gehen, Deutschland habe den Krieg bereits verloren.[56] Als die Feldpolizei der deutschen Streitkräfte diese Informationen am 26. August 1939 zu ihren Akten nahm, konnten sie nicht einmal als etwas Besonderes gelten. Im deutsch-polnischen Grenzgebiet kursierten in der zweiten Hälfte dieses Sommermonats 1939 zahlreiche Informationen ähnlicher Art. Dazu gehörten Gerüchte über deutsche Aufmarschpläne und geplante polnische Aktionen gegen gewisse Rundfunksender, aber auch über polnische Plakatanschläge im Grenzgebiet, warum man diesen Krieg gegen Deutschland jetzt führen müsse und führen könne.[57] Mit der Ankündigung kommender Offensiven bis nach Berlin und neuer Grenzen an der Oder wurde die polnische Bevölkerung in Kriegsbereitschaft versetzt.[58] Ein Informant aus dem polnischen Generalstab wollte gar in Erfahrung gebracht haben, daß man dort einen Überfall auf Deutschland ohne Kriegserklärung planen würde.[59] Diese Information wurde am 24. August der grenznah stationierten deutschen Luftwaffe zugeleitet. Die künftigen Kriegsgegner machten beide in jeder Weise mobil, militärisch wie publizistisch. Information und Desinformation lagen nah beieinander. Es war ein Nervenkrieg vor dem Krieg und in Warschau vertrat man Ende August die Ansicht, Deutschland hätte ihn verloren.[60]

Am 1. September 1939 trat schließlich der deutsche Staats-, Regierungs- und Parteichef Hitler vor die Weltöffentlichkeit und verkündete, es werde seit einigen Stunden »zurückgeschossen«.[61] Gemeint war der gerade begonnene deutsche Angriff auf Polen, der nicht nur eine Reaktion auf die – seinen Ausführungen nach – von England provozierten polnischen Angriffsabsichten gewesen sei, sondern auch eine direkte Antwort auf angebliche polnische Schießereien an der Grenze und auf deutschem Staatsgebiet. Polen sei mit regulären Truppen auf deutsches Gebiet vorgestoßen, wie er betonte.

In den Monaten danach folgte zwischen den neuen Kriegsparteien in sogenannten Farbenbüchern ein publizistischer Schlagabtausch darüber, ob dies alles denn nun wahr sei. Dem französischen Gelbbuch, dem englischen Blaubuch und dem polnischen Weißbuch setzte die deutsche Regierung eine eigene Darstellung entgegen. Das Auswärtige Amt stellte für diesen Zweck fast fünfhundert Dokumente zusammen, darunter eine vierundvierzig Punkte umfassende Liste von Orten und Daten, an denen von Polen verschuldete Grenzvorfälle geschehen sein sollten.[62] Weltberühmt wurde nach 1945 der angebliche polnische Überfall auf den Rundfunksender Gleiwitz, von dem ein Zeuge während des Nürnberger Prozesses aussagte, er sei von einem SS-Kommando inszeniert gewesen. In der nationalsozialistischen Rechtfertigungsliteratur spielte er während des Krieges praktisch keine Rolle.[63] Auch das Auswärtige Amt hatte nicht behauptet, dort seien reguläre polnische Truppen aufgetreten. Die 1945 entfachte Aufregung über diesen Überfall reduzierte das kollektive Gedächtnis deshalb in erstaunlichem Ausmaß auf diesen Punkt. Es wurde verdrängt, daß die Staaten im Sommer 1939 eine umfangreiche und komplizierte Krise wechselseitiger Kriegsdrohungen und Mobilisierungen durchlebten.

An der deutsch-polnischen Grenze wurde Ende August des Jahres tatsächlich täglich geschossen – von beiden Seiten. Zahlreiche im Bundesarchiv erhaltene Dokumente belegen dies, die damals nicht für politische Zwecke erstellt oder veröffentlicht wurden. Ein deutscher Armeebefehl gab das Feuer bereits am 21. August frei, für den Fall polnischer Grenzverletzungen »in offensichtlich kriegerischer Absicht«.[64] Ein anderer Befehl wies zugleich darauf hin, daß aus polnischen Grenzverletzungen durch reguläre Truppen oder irreguläre Verbände keine ausgedehnten Kampfhandlungen entstehen dürften. Es ging für beide Seiten darum, die Verantwortung für einen heißen Krieg möglichst offensichtlich auf den Gegner abzuladen. Dagegen lehnte Polens Militärchef, Edward Smigly-Rydz, den von polnischen Generälen vorgeschlagenen Angriff auf den deutschen Truppenbestand in Schlesien ab – wegen der ungünstigen außenpolitischen Folgen.[65]

Auch Gleiwitz selbst wurde bereits vor dem Kriegsausbruch zum Gegenstand militärischer Spekulationen. Die spätere symbolische Bedeutung des Ortes kündigte sich kurz vor und nach dem 1. September 1939 bereits an. So sei die Stadt nach Ansicht des polnischen Militärs im Kriegsfall von den Deutschen nicht zu halten, meldete ein Verbindungsmann aus Polen am 27. August.[66] Die polnische Schule im Nachbarort Hindenburg sei von polnischen Bewaffneten mit Maschinengewehren besetzt, die nicht aus dem Gebäude vertrieben werden könnten und in den Ort hineinschießen würden, stellte ein Bericht des Hauptzollamts Gleiwitz mit Datum vom 1. September fest.[67] Auch habe reguläres polnisches Militär dort einen Übergriff deutscher Freikorps auf polnisches Gebiet erfolgreich zurückgeschlagen.

Die polnische »Besetzung von Gleiwitz« werde auf der polnischen Seite der Grenze lebhaft begrüßt, diese Nachricht brachte ein Verbindungsmann aus Myslowitz.[68] Man erwarte in der Bevölkerung dort mehr Aktionen dieser Art. Ähnliches enthielten die

Nachrichten aus der polnischen Armee. Polnische Offiziere unterrichteten die Einheiten mündlich über das »Vorrücken der polnischen Armee nach Berlin«, hieß es am 6. September 1939. Es werde den Mannschaften erklärt, daß die polnischen Truppen bereits Danzig, halb Ostpreußen und Gleiwitz besetzt hätten. Auf den Einwand der Soldaten, daß sie sich dauernd zurückziehen müßten, würde ihnen von den Offizieren erklärt, hier hätten die Deutschen eben die schwächste Stelle der polnischen Front gefunden.[69] So ergänzten sich bereitwillig gelieferte mit gerne geglaubten Desinformationen zu einem Gesamtbild, an dem wenigstens eines richtig war: Wie der polnische Grenzbeamte gesagt hatte, hatte Deutschland den Krieg bereits verloren, wenn nicht den militärischen Krieg gegen Polen, so doch den Nervenkrieg und den kommenden Weltkrieg.[70] Denn ein Weltkrieg wurde aus dem polnisch-deutschen Konflikt, anders als in Warschau oder Berlin geplant. Die Regierung Hitler ließ sich schließlich zu einem militärischen Schlag hinreißen, bei dem das Wort »Krieg« ursprünglich ausdrücklich vermieden wurde, um die Operationen begrenzen zu können. Man erklärte am 2. September in London ausdrücklich, im Fall von Zugeständnissen und dem Ende polnischer Provokationen die Truppen wieder zurückziehen zu wollen.

Polen seinerseits hielt seine Linie bis zuletzt durch. Noch am 31. August 1939 erklärte der polnische Botschafter in Berlin, »daß er in keiner Weise Anlaß habe, sich für Noten oder Angebote von deutscher Seite zu interessieren. Er kenne die Lage in Deutschland nach seiner fünfeinhalbjährigen Tätigkeit als Botschafter gut und habe intime Verbindung mit Göring und anderen aus den maßgebenden Kreisen; er erklärte, davon überzeugt zu sein, daß im Fall eines Krieges Unruhen in diesem Land ausbrechen und die polnischen Truppen erfolgreich gegen Berlin marschieren würden.«[71] Das bezog die »16 Punkte« der deutschen Verhandlungsvorschläge mit ein, die dem Botschafter Lipski gerade an diesem Morgen von einem britischen Diplomaten und dem schwedischen Vermittler Dahlerus überreicht worden waren. Sie enthielten unter anderem den Vorschlag zu Volksabstimmungen über die strittigen Fragen und die deutsche Bereitschaft, bei einer Abstimmungsniederlage die aktuellen polnischen Grenzen anzuerkennen. Für eine Präsentation in der Weltöffentlichkeit waren sie zu gemäßigt, also wollte man sie nicht gehört haben. Die Londoner Kriegspartei um Winston Churchill kümmerte sich persönlich darum, daß auch die britischen Zeitungen nicht darüber berichteten. Polen wollte es auf einen militärischen Schlagabtausch ankommen lassen, gestützt nicht zuletzt eben auch auf irreführende Annahmen über die innere Schwäche des NS-Regimes, wie sie von der innerdeutschen Konspiration gefördert wurden. Lipskis Vorstellungen beschäftigten den deutschen Staatschef noch zwei Jahre später: »Im allgemeinen war doch die Auffassung, daß Deutschland sofort zusammenbrechen werde. Der polnische Botschafter Lipski schreibt in einem Bericht, er wisse aus amtlicher Quelle, bei der er verkehrt, innerhalb von acht Tagen werde Deutschland zusammenbrechen.«[72]

Es war nur folgerichtig, wenn die deutsche Aufklärung am letzten Friedenstag ein Telegramm aus Warschau entschlüsselte, das Lipski noch einmal in diesem Sinn instruierte: »Lassen Sie sich unter keinen Umständen in sachliche Diskussionen ein; wenn die Reichsregierung schriftliche Vorschläge macht, müssen Sie erklären, daß Sie keinerlei Vollmacht haben, solche Vorschläge entgegenzunehmen oder zu diskutieren, und daß Sie ausschließlich obige Mitteilung Ihrer Regierung zu übermitteln und erst weitere Instruktionen einzuholen haben.«[73]

Das war konsequent. Beck hatte Garantiemächte für eine polnische Politik besorgt, die auf eine offensive Bereinigung des angeblich unvermeidlichen deutsch-polnischen Konflikts zielte, im Rücken geschützt durch den polnischen Nichtangriffspakt mit der Sowjetunion und im Westen unterstützt durch das Offensivbündnis mit England und Frankreich. In Warschau dachte man gar nicht daran, sich diese einzigartig günstige Situation, auf die Beck seit Ende 1932 hingearbeitet hatte, durch Verhandlungen verderben zu lassen oder den noch zögerlichen Teilen der britischen Diplomatie die Gelegenheit zum Absprung zu geben. Der polnische Vertreter in London, Raczynski, arbeitete Hand in Hand mit den kriegsgeneigten Kreisen um Winston Churchill daran, die noch vorhandenen Widerstände bei der britischen Regierung zu überwinden. So waren Ende August 1939 alle guten Karten scheinbar auf der Hand der Beckschen Außenpolitik. Jahrelange außenpolitische Anstrengungen hatten Erfolg gehabt. Beck hatte

- die Sowjetunion neutralisiert und Polen damit Rückendeckung verschafft. Die UdSSR hatte nicht nur wohlwollende Neutralität, sondern auch Waffenlieferungen zugesagt.
- ein bedingungsloses und für jedes Kriegseröff-

nungsszenario gültiges Bündnis mit den Westmächten Großbritannien und Frankreich abgeschlossen. Zusammen waren sie Deutschland nicht nur wirtschaftlich und militärisch überlegen, sondern kontrollierten damals direkt oder indirekt fast vierzig Prozent der Erdoberfläche. Sie würden damit auch die polnischen Kolonialwünsche erfüllen können.

- sich das Wohlwollen und die aktive Unterstützung der Vereinigten Staaten für die eingeschlagene Politik der drei Bündnispartner zusichern lassen. Einer der US-Chefdiplomaten, der Pariser Botschafter Bullitt, hatte seinem polnischen Kollegen sogar den amerikanischen Kriegseintritt versprochen.
- aus Deutschland deutliche Signale vorliegen, daß der nationalsozialistische Staat grundsätzlich und erst recht angesichts der hoffnungslosen Kriegsaussichten bis in die höchsten Kreise von Diplomatie und militärischer Führung zerstritten war und eine Krise innenpolitisch nicht überstehen würde.

Damit mußte eigentlich mit großer Sicherheit folgen, was Polens Berliner Botschafter Lipski am Morgen des 31. August 1939 in Berlin dem britischen

Diplomaten Forbes ankündigte: ein militärischer Schlagabtausch, innere Unruhen in Deutschland und der Marsch der polnischen Truppen auf die deutsche Hauptstadt. Unterstützt würde das durch britische Luftangriffe und den Großangriff der französischen Armee im Westen, der verbindlich innerhalb von vierzehn Tagen zugesagt war. Das würde Polen wenigstens den Erwerb von Danzig und Teilen Ostpreußens sowie den Rest Oberschlesiens bringen. Dazu käme die Abspaltung des nördlichen Ostpreußens von Deutschland und als zusätzliche Belohnung jene Kolonien, die Beck im Frühjahr bei den Bündnisverhandlungen haben wollte und die man bei der Abfassung der Friedensbedingungen nach dem Sieg auf keinen Fall vergessen solle, wie es im polnischen Außenministerium wenige Tage nach Kriegsbeginn hieß.[74]

Dieses optimistische Szenario erhielt nach dem 1. September einen ersten Dämpfer durch die überraschende Stabilität des NS-Regimes. Vom Generalstab bis zur konservativen Opposition in hohen Regierungskreisen war den Alliierten durch etliche Personen ein Umsturz versprochen worden. Er kam nicht. Das Szenario wurde aber hauptsächlich vom umfassenden Betrug der Republik Polen durch sämtliche Vertragspartner zerstört. Der verbindlich zugesagte französisch-britische Großangriff hätte den Krieg im Herbst 1939 mit einer deutschen Niederlage beendet. Es gab im Westen kaum verfügbare deutsche Streitkräfte. Die im Osten gegen Polen eingesetzten Einheiten waren verschlissen. Selbst die vorhandene Munition war in Polen in einem Ausmaß verschossen worden, daß sogar dort der Vormarsch phasenweise abgebrochen werden mußte. Eine Verteidigung gegen einen französischen Großangriff hätte an elementaren Tatsachen scheitern müssen. Die Westmächte brachen aber sämtliche Zusagen in dieser Sache, ebenso wie die Sowjetunion. Das wurde nicht gleich erkennbar, und in Warschau war man deshalb noch in der zweiten Kriegswoche optimistisch. Man drängte die Westmächte zum versprochenen Eingreifen, das terminlich noch im zugesagten Zeitrahmen möglich gewesen wäre. In der polnischen Armee wurde die Parole ausgegeben, zwar sei die jeweilige Einheit auf dem Rückzug, doch seien andere auf dem Weg nach Berlin, wohin man selbst auch noch kommen würde. Der französische Großangriff sei bereits angelaufen. Auch die UdSSR verhielt sich zunächst wie erwartet neutral.

Dann brach alles zusammen. Der Alliierte Kriegsrat beschloß am 12. September noch einmal offiziell, was die Generalstäbe Frankreichs und Großbritanniens bereits im Frühjahr durchdacht hatten. Polen würde trotz aller mündlichen Versprechen und den völkerrechtlich bindenden Unterschriften auf besiegeltem Papier am Ende keinerlei Unterstützung bekommen. Man wollte den Krieg gegen Deutschland lieber auf drei Jahre Dauer anlegen; was mit dem inzwischen besiegten Polen danach geschehen würde, könne man immer noch sehen. Dann – und vielleicht auch deswegen – griff am 17. September im Osten zusätzlich die UdSSR die Republik Polen, ebenfalls völkerrechtswidrig, unter Bruch des polnisch-sowjetischen Nichtangriffsvertrags an. Man wird nach historischen Parallelen suchen und kaum eine finden. Józef Becks Politik, die Politik der Obristen aus Pilsudskis polnischer Legion und das polnische Kriegskalkül wurden schließlich – was immer man sonst von ihnen halten mag – zum Opfer eines der wohl dreistesten Betrugsmanöver, von denen die Weltgeschichte zu berichten hat.

Fazit – eine kurze Faktensammlung

• Wurden in Polen seit dem Ende des 19. Jahrhunderts Ansprüche auf deutsches Territorium formuliert? – *Ja.*

• Erstreckten sich diese Forderungen nur auf Gebiete, die mehrheitlich polnisch besiedelt waren? – *Nein.*

• Erstreckten sich diese Forderungen nur auf Gebiete, die historisch gesehen einmal mehrheitlich polnisch besiedelt waren? – *Nein.*

• Erstreckten sich diese Forderungen nur auf Gebiete, die historisch gesehen Teil des 1772 geteilten polnischen Staats gewesen waren? – *Nein.*

• Wurden 1919 in Polen universitäre Forschungseinrichtungen eingerichtet, die weitere Forderungen akademisch begründen sollten? – *Ja.*

• Strebten die polnische Regierung oder polnische Parteien Volksabstimmungen in den Gebieten an, die sie für sich beanspruchten? – *Nein.*

• Konnten polnische Parteien vor 1914 innerhalb der späteren deutschen Grenzen jemals ein einziges Reichstagsmandat gewinnen? – *Nein.*

- Konnte die polnische Seite eine einzige von den Volksabstimmungen für sich entscheiden, die nach 1919 auf alliierte Anordnung in strittigen Gebieten stattfanden? – ***Nein.***
- Akzeptierte die polnische Regierung das Ergebnis der Volksabstimmungen in Schlesien und Ostpreußen, die teilweise eine Mehrheit von 97,9 Prozent für Deutschland ergeben hatten? – ***Nein.***
- Versuchten polnische Terrorverbände mehrfach, die Abstimmung in Schlesien mit Gewalt zu beeinflussen? – ***Ja.***
- Akzeptierten polnische Politiker und Parteien die ethnischen Strukturen, wie sie um 1900 vorhanden waren? – ***Nein.***
- Wurde seit 1919 eine systematische Vertreibungspolitik gegen die Deutschen betrieben, die durch die neuen Grenzen auf polnischem Gebiet lebten? – ***Ja.***
- Wurde diese Vertreibungspolitik durch ein langfristiges Enteignungsprogramm für deutschen Landbesitz umgesetzt? – ***Ja.***
- Wurde diese Vertreibungspolitik durch Schließung deutscher Schulen umgesetzt? – ***Ja.***
- Wurde diese Vertreibungspolitik durch Entlassung deutscher Arbeiter und Angestellter umgesetzt? – ***Ja.***
- Haben polnische Politiker bis hinauf zum Regie-

rungschef der deutschen Minderheit in Polen ausdrücklich das Existenzrecht abgesprochen? – *Ja.*

• Hat die Republik Polen in London und Paris mehrfach um politische Unterstützung für einen Einmarsch in Deutschland gebeten? – *Ja.*

• War die ständige polnische Kriegsdrohung um 1930 so groß, daß in Deutschland umfangreiche Verteidigungsmaßnahmen getroffen und Räumungspläne für ganze Gebiete veranlaßt wurden? – *Ja.*

• Forderten Angehörige des polnischen Generalstabs zu dieser Zeit die Verlegung der deutschen Hauptstadt von Berlin nach Frankfurt am Main, weil Berlin auf slawischem Boden liege? – *Ja.*

• Hat die polnische Regierung im Frühwinter 1932 versucht, einen Konflikt in Danzig zu provozieren? – *Ja.*

• Hat die polnische Regierung 1936 den Westmächten zugesichert, trotz des inzwischen bestehenden Nichtangriffspakts mit Deutschland weiter zu einem Einmarsch bereit zu sein? – *Ja.*

• Wurde im Sommer 1938 im Warschauer Außenministerium geplant, sich an einem möglichen westlichen Krieg gegen Deutschland zu beteiligen? – *Ja.*

• Wurden den Westmächten Frankreich und Großbritannien von der polnischen Regierung die deutschen Verhandlungsvorschläge in der Danzig- und

Grenzfrage verschwiegen? – *Ja.*

• Wurden im Frühjahr 1939 in Polen Konzentrationslager für die dortigen Deutschen vorbereitet? – *Ja.*

• Wurden im Frühjahr 1939 Namenslisten mit Deutschen vorbereitet, die in Sammelmärschen in diese Konzentrationslager gebracht werden sollten? – *Ja.*

• Wurden bei diesen Märschen und den begleitenden Ausschreitungen insgesamt über fünftausend Deutsche getötet? – *Ja.*

• Haben polnische Politiker im Frühjahr 1939 zur Eroberung Deutschlands bis zu Oder und Neiße aufgerufen? – *Ja.*

• Haben polnische Politiker Pläne für Grenzziehungen westlich der Oder und Teilungspläne für das Gebiet der heutigen »neuen Länder« der Bundesrepublik entworfen? – *Ja.*

• Trifft es nach Berichten internationaler Spitzendiplomaten zu, daß solche Pläne im polnischen Außenministerium und dort auch durch den Außenminister selbst verfolgt wurden? – *Ja.*

• Wurde Ende 1938 in den neu von Polen besetzten Teilen der Tschechoslowakei mit der ethnischen Säuberung gegen ortsansässige Deutsche begonnen? – *Ja.*

• Hat ein früherer deutscher Regierungschef und NS-Gegner bezeugt, ein britisch-polnisches Abkommen gesehen zu haben, in dem im Frühjahr 1939 Teile Ostdeutschlands für den Kriegsfall Polen versprochen worden waren? – *Ja.*

• Hat Polen im Jahr 1939 zuerst mobilisiert? – *Ja.*

• Haben polnische Militärs bis hinauf zum Armeechef im Frühjahr 1939 geplant und erklärt, einen Krieg gegen Deutschland offensiv führen zu wollen? – *Ja.*

• Hat die polnische Regierung am 5. August 1939 gegenüber Deutschland eine Kriegsdrohung ausgesprochen, wegen eines Briefs der deutschen Regierung über Danzig? – *Ja.*

• Hat die polnische Regierung sich Ende August 1939 ausdrücklich geweigert, irgendwelche Verhandlungsvorschläge der deutschen Seite entgegenzunehmen? – *Ja.*

• Fanden vor dem 1. September 1939 in Polen Ausschreitungen gegen Deutsche statt, die zu einer Fluchtwelle von etwa siebzigtausend Deutschen nach Deutschland führten? – *Ja.*

• Haben polnische Truppen vor dem 1. September 1939 auf deutsche Einrichtungen und Flugzeuge geschossen? – *Ja.*

• Haben polnische Truppen und irreguläre Streitkräfte vor dem 1. September 1939 die deutsche Grenze verletzt? – *Ja.*

- Geschah dies auch an dem bekannten Ort Gleiwitz? – *Ja.*
- Wurde polnischen Soldaten in der Armee bekanntgegeben, das Ziel des kommenden Krieges sei der Marsch auf Berlin? – *Ja.*
- Hat der polnische Botschafter in Berlin am Morgen des 31. August 1939 erklärt, polnische Truppen würden in Kürze auf Berlin marschieren? – *Ja.*
- Haben Mitglieder der polnischen Regierung seit Herbst 1939 erneut Teile Ostdeutschlands für Polen gefordert? – *Ja.*
- Wurde dabei auch erneut die Vertreibung der ortsansässigen deutschen Bevölkerung gefordert? – *Ja.*
- Machten sich die polnischen Politiker zu diesem Zeitpunkt also noch Illusionen über den deutschen Charakter dieser Gebiete? – *Nein.*

Literatur

Auswärtiges Amt (Hrsg.): *Dokumente zur Vorgeschichte des Krieges*, Berlin 1939.

– *Roosevelts Weg in den Krieg. Geheimdokumente zur Kriegspolitik d. Präsidenten d. Vereinigten Staaten*, Berlin 1943.

Baginski, Henryk: *Poland's Freedom of the Sea*, Kirkcaldy 1942 (zit. *Freedom*).

– *Poland and the Baltic*, London 1942 (zit. *Poland*).

Bierschenk, Theodor: *Die Deutsche Volksgruppe in Polen 1934–1939*, Kitzingen 1954 (zit. *Volksgruppe*).

Blanke, Richard: *Orphans of Versailles – The Germans in Western Poland 1918–1939*, Lexington 1993 (zit. *Versailles*).

Brandes, Detlev: *Der Weg zur Vertreibung*, München 2001 (zit. *Weg*).

Brier, Robert: *Der polnische »Westgedanke« nach dem Zweiten Weltkrieg*, (Magisterarbeit) Digitale Osteuropa-Bibliothek 2003 (zit. *Westgedanke*).

Brüning, Heinrich: *Briefe und Gespräche*, Stuttgart 1974.

Burckhardt, Carl J.: *Meine Danziger Mission*, München 1960 (zit. *Mission*).

Conze, Werner: *Polnische Nation und deutsche Politik im Ersten Weltkrieg*, Köln 1958 (zit. *Nation*).
Dahlerus, Birger: *Der letzte Versuch*, Berlin 1948.
Denne, Ludwig: *Das Danzig-Problem in der deutschen Außenpolitik 1934–39*, Saarbrücken 1959.
Gehrke, Roland: *Der polnische Westgedanke bis zur Wiedererrichtung des polnischen Staates nach Ende des Ersten Weltkriegs*, Marburg 2001 (zit. *Westgedanke*).
Gelberg, Ludwik: *Die Entstehung der Volksrepublik Polen. Die völkerrechtlichen Probleme*, Frankfurt am Main 1972 (zit. *Entstehung*).
Giertych, Jedrzej: *Die Frage der Wiedergewonnenen Gebiete im Lichte der Ethik*, Stuttgart 1949 (dt. Übersetzung des poln. Originals von 1948 für den Dienstgebrauch, zit. *Gebiete*).
– *Pól wieku polskiej polityki*, London 1947.
Goldmann, Nachum: *Das jüdische Paradox – Zionismus und Judentum nach Hitler*, Köln 1983.
Jochmann, Werner (Hrsg.): *Adolf Hitler – Monologe im Führer-Hauptquartier 1941-1944*, Hamburg 1980.
Kisielewski, Józef: *Ziemia gromadzi prochy*, Posen o. J. (ca. 1938/39) (*Die Erde bewahrt das Vergangene*, Berlin, dienstl. Übersetzung 1939) (zit. *Erde*).
Kornat, Marek: *Polen zwischen Hitler und Stalin – Studien zur polnischen Außenpolitik in der Zwischenkriegs-*

zeit, Berlin 2012 (zit. *Polen*).
Kowalski, Kazimierz: »Polska wobec Niemiec«, Przemówienie Kazimierza Kowalskiego, prezesa Zarzadu Glównego Stronnictwa Narodowego, wygloszone na zjezdzie dzialaczy politycznych SN w diu 30. 4. 1939 r. w Warszawie, Warszawa 1939 (»Polen und Deutschland«. Rede Kazimierz Kowalskis, Vorsitzender des Hauptvorstandes der Nationalen Partei, gehalten während der Versammlung der politischen Parteifunktionäre der Nationalen Partei in Warschau am 30. April 1939) (zit. »Polska«).
Krzoska, Markus: *Für ein Polen an Oder und Ostsee – Zygmunt Wojciechowski (1900–1955) als Historiker und Publizist*, Osnabrück 2003 (zit. *Wojciechowski*).
Laeuen, Harald: *Polnisches Zwischenspiel*, Berlin 1940.
Lubienski, Tomasz: *1939 – Noch war Polen nicht verloren*, Berlin 2010 (zit. *Polen*).
Lutoslawski, Wincenty: »The Polish Nation – A Lecture delivered at the Lowell Institute in Boston on October 21, 1907, and at the University of California on March 9, 1908«.
– *Gdansk and East Prussia* (Polish Commission of Work Preparatory to the Conference of Peace), Paris 1919 (auch Neudruck: Nendeln 1973) (zit. *Gdansk*).
Marx, Karl: *Herr Vogt*, Moskau 1941 (Erstauflage 1860).

Neumann, Josef (Hrsg.): *Beiträge zur Lösung der polnischen Frage*, Berlin 1916.
Neumeyer, Heinz: *Westpreußen*, München 1993.
Oertzen, Friedrich Wilhelm: *Das ist Polen*, München 1932.
Porter, Brian: *When Nationalism Began to Hate – Imagining Modern Politics in Nineteenth Century Poland*, Oxford 2000.
Prazmowska, Anita: *Britain, Poland and the Eastern Front 1939* (Soviet and East European Studies), Cambridge 1987.
– *Britain and Poland 1939–1943. The betrayed ally*, Cambridge 1995.
Roos, Hans (= Hans-Otto Meissner): *Polen und Europa. Studien zur polnischen Außenpolitik 1931–1939*, Tübingen 1957 (zit. *Polen*).
Roth, Paul: *Die politische Entwicklung in Kongreßpolen während der deutschen Okkupation*, Leipzig 1919 (zit. *Kongreßpolen*).
Scheil, Stefan: *Logik der Mächte. Europas Problem mit der Globalisierung der Politik. Überlegungen zur Vorgeschichte des Zweiten Weltkrieges*, Berlin 1999 (zit. *Logik*).
– *Fünf plus Zwei. Die europäischen Nationalstaaten, die Weltmächte und die vereinte Entfesselung des Zweiten*

Weltkriegs, Berlin 2003 (zit. *Vereinte Entfesselung*).
– *Churchill, Hitler und der Antisemitismus*, Berlin 2009 (zit. *Churchill*).
Terry, Sarah Meiklejohn: *Polands Place in Europe. General Sikorski and the Origin of the Oder-Neisse Line 1939–1943*, Princeton 1983 (zit. *Place*).
Volkmann, Peer Oliver: *Heinrich Brüning – Nationalist ohne Heimat*, Düsseldorf 2007.
Wehner, Gerd: *Großbritannien und Polen 1938/39 – Die britische Polen-Politik zwischen München und dem Ausbruch des 2. Weltkrieges*, Frankfurt am Main 1983 (zit. *Polen-Politik*).

Anmerkungen

1 Zit. n. Kisielewski, *Erde*, S. 97 f. Józef Kisielewski (1906–1966) war ein polnischer Journalist, Schriftsteller und Politiker.

2 Zit. n. Giertych, *Pol wieku polskiej polityki*, S. 180 f. Giertych (1903–1992) war 1939 Mitglied des Zentralkomitees der Nationaldemokratischen Partei und Begründer einer kleinen Politikerdynastie. Enkel Roman Giertych war bis 2007 stellvertretender Regierungschef der Republik Polen.

3 Sir Henry Channon (1897–1958), Parlamentsmitglied seit 1935. Tagebucheintrag nach der Sitzung des englischen Parlaments vom gleichen Tag. Hier zit. n. Gilbert, *Documents*, S. 1596.

4 Das polnische Außenministerium forderte im November 1943 in einem Positionspapier die Auflösung Rußlands und außerdem eine Erweiterung Polens nach Osten über die Vorkriegsgrenzen hinaus: »Wir stellen nicht übereilt Postulate zur Zergliederung Rußlands auf, aber im Falle der Entstehung solcher Möglichkeiten unterstützen wir die Unabhängigkeit der Ukraine und des kaukasischen Bundes. Wir streben die Umbildung des allrussischen Imperiums in Nationalstaaten an (...). Im Osten reflektieren wir im Falle einer Umbildung Rußlands auf eine Abrundung, die Kamieniec und Minsk umfaßt. Litauen muß mit Polen eine Staatseinheit bilden, wobei wir bereit sind, den Litauern vollste Gleichberechtigung zu geben. Außerdem haben wir winzige Grenzkorrekturen von seiten Rumäniens und evtl. Lettlands im Auge.« Zit. n. Gelberg, *Entstehung*, S. 36.

5 http://www.ghi-dc.org/files/publications/bulletin/bu040/039.pdf, dort S. 46.

6 Vgl. Gehrke, *Westgedanke*, S. 64 ff.

7 Zit. n. Marx, *Vogt*, S. 130 f.

8 Vgl. *Un Slave*, Genf 1872, S. 17 ff., bzw. Gehrke, *Westgedanke*, S. 97.

9 Es handelte sich um die Alexander-Newski-Kathedrale. Ihr

Standplatz wurde in »Platz der Unabhängigkeit« umbenannt.
10 Vgl. Kornat, *Polen*, S. 27. Der Autor ist Professor am Institut für Geschichte der polnischen Akademie der Wissenschaften.
11 Zit. n. Poplawski, *Grenzmarken*, S. 672. Zur Begriffsbildung »Kresy« vgl. Gehrke, *Westgedanke*, S. 19 f.
12 Vgl. Blanke, *Orphans*, S. 15 f.
13 So Stanislaw Grabski in seinem im Oktober 1919 formulierten politischen Programm, hier zit. n. Blanke, *Orphans*, S. 63.
14 Man teilte der deutschen Regierung mit, jeden weiteren Brief in Sachen Danzig als Angriffsakt zu betrachten und entsprechend zu reagieren. Vgl. Weißbuch der polnischen Regierung, Dok. 86, 10. August 1939, S. 129.
15 Vgl. Roth, *Kongreßpolen*, S. 18.
16 Aus der nationaldemokratischen Broschüre *Von Jasna Gora nach Hellberg* vom Sommer 1916, hier zit. n. Roth, *Kongreßpolen*, S. 38. Wie zutreffend diese Auffassung war, geht aus der im gleichen Jahr erschienenen Broschüre Josef Neumanns über *Beiträge zur Lösung der polnischen Frage* hervor. Die meisten der darin versammelten deutschen Beiträge zielten auf eine Abspaltung Polens von Rußland und auf dessen Kontrolle durch Deutschland unter irgendeiner Form von halbstaatlicher Abhängigkeit. Eine volle polnische Unabhängigkeit wurde wegen dessen als unvermeidlich angesehener Expansionspolitik in Richtung Posen und Danzig für unmöglich erachtet. Vgl. Neumann, *Beiträge*, passim.
17 Zit. n. Roth, *Kongreßpolen*, S. 44.
18 Sie bezog auch ganz Schlesien bis zur östlichen Neiße, ganz Westpreußen, das südliche Ostpreußen und Teile Pommerns ein. Vgl. Laeuen, *Zwischenspiel*, S. 14.
19 Vgl. Lutoslawski, *Gdansk*, S. 29.
20 Vgl. Lutoslawski, *Gdansk*, S. 35.
21 Zit. n. Lutoslawski, *Gdansk*, S. 32.
22 So Bretislav Palkovsky in einem Schreiben an Benesch vom 7. November 1940. Vgl. Brandes, *Weg*, S. 84.
23 Dies nach Aussage von Kurt Gräbe, 1922–1936 deutschstämmiger Abgeordneter des polnischen Parlaments und 1931 Mitglied

in dessen auswärtigem Ausschuß. Vgl. Neumeyer, *Westpreußen*, S. 400.

24 Zit. n. Baginski, *Poland*, S. 86.

25 Marian Kukiel, General und polnischer Vize-Verteidigungsminister 1939/40, hob in seinem Vorwort zu *Poland's Freedom of the Sea* hervor, Baginski sei einer derjenigen gewesen, die in den Jahren vor dem Krieg die Basis für die Zukunft der polnischen bewaffneten Streitkräfte gelegt hätten. Vgl. Baginski, *Freedom*, S. III.

26 Vgl. Baginski, *Freedom*, S. 10 ff. u. Scheil, *Logik*, S. 106 ff.

27 Vgl. Baginski, *Freedom*, S. 28, Karte 6. Praktisch das gesamte Gebiet der späteren sowjetischen Besatzungszone in Deutschland gehörte danach »historisch« zu Polen. Dies galt auch für die ganze Ukraine, für Rußland bis Borodino, also bis ca. 100 km vor Moskau, und auch das ganze Baltikum, mit Ausnahme eines kleinen Landstreifens vor der estnischen Hauptstadt Reval, teilte dieses Schicksal.

28 Zit. n. Baginski, *Freedom*, S. 29. Damit knüpfte Baginski an die Theorien des bekannten polnischen Historikers Wojciech Ketrzynski (1838–1918) an. Der hatte behauptet, ganz »Germanien« sei zur Zeit Julius Cäsars slawisch besiedelt gewesen, beispielsweise seien auch die Sueben ein slawischer Stamm. Mit solchen Theorien brachte es Ketrzynski im toleranten Österreich-Ungarn zum Direktor der Lemberger Bibliothek und zu beachtlichem Nachruhm innerhalb der polnischen Nationalbewegung. Vgl. Gehrke, *Westgedanke*, S. 131 f.

29 Die polnische Publizistik errechnete bis zu 75 Prozent polnischen Bevölkerungsanteil an der deutschen Bevölkerung östlich der Elbe. Rekordhalter in dieser Hinsicht war offenbar Edward Boguslawski, der diesen Anteil schon 1912 an der deutschen Bevölkerung insgesamt (!) reklamierte. Vgl. Boguslawski, *Gebiete*, hier zit. n. Baginski, *Freedom*, S. 71.

30 Zit. n. Baginski, *Freedom*, S. 71 f.

31 Aufzeichnung aus den Jahren 1940/41, hier zit. n. Lubienski, *Polen*, S. 79.

32 Text in DVPS, XXI, Dok. 468, S. 650, Vgl. Bartel, *Frankreich*,

S. 89. Vgl. auch polnisches Weißbuch, Dok. 160, S. 234.
33 Bericht der Bundes-Polizeidirektion in Wien vom 4. November 1932 an den österreichischen Bundeskanzler Dollfuss über einen Brief von Beck an Pilsudski vom 27. Oktober 1932, inklusive Teilabschrift des Briefes, Kopie im Besitz des Verfassers, hier S. 1.
34 Bericht der Bundes-Polizeidirektion in Wien vom 4. November 1932 an den österreichischen Bundeskanzler Dollfuss über einen Brief von Beck an Pilsudski, hier S. 3.
35 Beck an Pilsudski, 30. Oktober 1932, S. 2.
36 Vgl. Denne, *Danzig-Problem*, S. 28.
37 Vgl. Denne, *Danzig-Problem*, S. 29.
38 Vgl. Roos, *Polen*, S. 65.
39 Zit. n. Wehner, *Polen-Politik*, S. 146.
40 Beck an Pilsudski, 27. Oktober 1932, S. 3.
41 Zit. n. Burckhardt, *Mission*, S. 156 f.
42 Vgl. Roos, *Polen*, S. 347.
43 Vgl. Beck, *Report*, S. 162, bzw. Roos, *Polen*, S. 331.
44 Bericht von Potocki an den polnischen Außenminister vom 9. Januar 1939, zit. n. AA, *Roosevelts Weg*, S. 59 f.
45 Bericht von Potocki an den polnischen Außenminister vom 12. Januar 1939, zit. n. AA, *Roosevelts Weg*, S. 63 f.
46 Bericht von Potocki an den polnischen Außenminister vom 12. Januar 1939, zit. n. AA, *Roosevelts Weg*, S. 64.
47 Notiz Brünings über »Eindrücke in England«, März 1939, zit. n. Brüning, *Briefe*, I, S. 233.
48 Vgl. DBFP, III. Series, Vol. IV, Doc. 175, S. 181, 4. März 1939, Telegramm Kennard an Halifax.
49 So Nachum Goldmann, der Präsident des jüdischen Weltkongresses, nach einem Gespräch mit Beck. Vgl. Goldmann, *Paradox*, S. 206 f.
50 HUG FP 93.10, Box 4, File: Arnold, Clara Brecht. Brüning an A. Brecht, 2. September 1946, S. 1, hier zit. n. Volkmann, *Brüning*, S. 339.
51 Vgl. Kowalski, *Polska*, passim.
52 Als Faksimile gedruckt in: Scheil, *Churchill*, S. 181.

53 Zit. n. FRUS 1939, I, S. 105 f.
54 Weißbuch der polnischen Regierung, Dok. 86, 10. August 1939, S. 129.
55 Diese Tatsachenfeststellung sollte Jahrzehnte später noch für politischen Wirbel sorgen, als sie von der CDU-Abgeordneten Erika Steinbach vor der CDU-Fraktion des deutschen Bundestags erwähnt wurde.
56 Vgl. BA-MA RH 24-14/80 Bl. 12, Bericht Geheime Feldpolizei vom 28.8.1939.
57 Vgl. BA-MA RH 24-14/80, Bl. 17.
58 Vgl. BA-MA RL 3/1822, Bl. 5. Bericht vom 27. Juni 1939.
59 Vgl. RL 7/330, Kriegstagebuch des Luftflottenkommandos 4.
60 Vgl. RL 7/330, Bl. 10, Meldung des polnischen Rundfunks.
61 Vgl. Hitlers Reichstagsrede am 1. September 1939, in: AA, *Vorgeschichte*, S. 448.
62 Als Orte polnischer Grenzverletzungen durch reguläre polnische Truppen wurden Neukrug (zweimal), Scharschau, Pfalzdorf und Röhrsdorf genannt. Vgl. AA, *Vorgeschichte*, S. 443 f.
63 Ich verweise dafür auf meine ausführlichere Darstellung in *Fünf plus Zwei*, Kapitel von »Paris nach Gleiwitz«. Teile einsehbar im Netz: http://www.symposion.org/Gleiwitz.htm
64 Vgl. BA-MA RH 24-8/13, Befehl des VIII. AK vom 21.8.1939, 18.30 Uhr.
65 Vgl. die Darstellung des polnischen Generals Rómmel in: *Za honor i ojczyne* (Für Ehre und Vaterland), Warschau 1958, S. 29, sowie Hans Roos: »Der Feldzug in Polen vom September 1939«, in: *Wehrwissenschaftliche Rundschau*, 9/1959, S. 496.
66 Vgl. BA-MA RH 24-10/244, Bl. 83, Lagebericht Polen Nr. 12 vom 27.8.1939.
67 Vgl. BA-MA RH 24-14/80, Bl. 92.
68 BA-MA RH 24-14/80b, Bl. 109, Bericht vom 2. September 1939, Quelle: Flüchtling aus Myslowitz.
69 BA-MA RH 24-14/80b, Bl. 140, Bericht vom 6. September 1939 Quelle: V-90.
70 Zu diesem Kalkül: »Von verschiedenen polnischen Gewährs-

männern hört man immer wieder die poln. Auffassung über die Erfolgsaussichten in einem zukünftigen Kriege dahingehend, daß Polen ›den Deutschen zunächst wohl taktische Erfolge zuerkennt, daß sie aber auf weite Sicht das strategische Ziel nicht erreichen werden, genau so, wie sie es im Weltkrieg durch Mangel an Rohstoffen nicht erreicht haben‹.« Zit. n. BA-MA RL 3/1822, Bericht vom 27. Juni 1939, Bl. 5.

71 Vgl. Dahlerus, *Versuch*, S. 110.

72 Hitler in einem seiner Tischgespräche, zit. n. Jochmann, *Monologe*, S. 253, Eintrag vom 2. Januar 1942.

73 Vgl. Dahlerus, *Versuch*, S. 113.

74 Vgl. Lubienski, *Polen*, S. 80.